W0271904

Dieses Buch verdankt seine Entstehung der Begegnung mit Aleksander Kulisiewicz und seinem einzigartigen Archiv in Krakau. Als ehemaliger KZ-Häftling von Sachsenhausen widmete er sein Leben dem Sammeln von Dokumenten zum künstlerischen Schaffen in den Lagern.
Es ist für uns heute kaum vorstellbar, daß ein Gedicht so wichtig sein kann wie ein Stück Brot. Das war die Lagersituation. Wie übersteht man einen Morgenappell? 3 Stunden oder länger bei minus 20 Grad?
Einer spricht leise die erste Zeile eines Gedichtes, der Nächste nimmt sie auf und hunderte von Mündern sprechen sie nach.
»Das KZ war keine Dichterschule« (Aleksander Kulisiewicz).
Viele schrieben im Lager, nur im Lager, danach nie wieder.
»Für uns war es, während wir an diesem Projekt arbeiteten, immer wieder ein Erstaunen, daß in dieser Welt von Hunger, Sadismus, Demütigung, Folter und Massenvernichtung das Schöpferische wie ein Licht aufbrach.« (E. Lau, S. Pampuch)

Die Herausgeberinnen: *Ellinor Lau*, geboren 1952; Sängerin; gab 1980 das ›Frauenliederbuch‹ im Weismann Verlag heraus, lebt als Freischaffende in Berlin; – *Susanne Pampuch*, geboren 1952, Slawistin und Übersetzerin; arbeitet seit 1983 am Osteuropa Institut, München.

Draußen steht eine bange Nacht

Lieder und Gedichte
aus deutschen Konzentrationslagern

Herausgegeben von
Ellinor Lau und Susanne Pampuch

Fischer
Taschenbuch
Verlag

Originalausgabe
Veröffentlicht im Fischer Taschenbuch Verlag GmbH,
Frankfurt am Main, April 1994

Für die Zusammenstellung:
© Fischer Taschenbuch Verlag GmbH, Frankfurt am Main 1994
Die genauen Quellenangaben
sind in den ›Biographien‹ [Seite 179–205] enthalten
Umschlaggestaltung: Buchholz / Hinsch / Hensinger
Gesamtherstellung: Clausen & Bosse, Leck
Printed in Germany
ISBN 3-596-10716-4

Gedruckt auf chlor- und säurefreiem Papier

Dem Gedenken an Aleksander Kulisiewicz

Inhalt

Władysław Bartoszewski Vorwort 13

Zing fun di letste jidn ojf ejropes erd
Sing vom letzten Juden auf Europas Erde

Jizchak Katzenelson
Zing! 22
Das Lied vom letzten Juden 23

Wir sind vergessene Leute – eine Stunde von Weimar
[Deutsche Texte]

Hermann Adler
Was geschieht, heißt bald – Legende! 33
»...Liebe den Nächsten wie dich!« 34
H. G. Adler
Nachtgesang unter der Erde 35
Rosebery d'Arguto
Jüdischer Todessang 37
Anonym
Der Todestango 39
Ilse Blumenthal-Weiss
Für Peter David Blumenthal 40
Häftlinge 41
Joseph Drexel
Krieg 42
Hasso Grabner
Die Häftlingsnummer 43
Maria Günzel
Leid und Trost 44
E. H.
Ich träume im Lager 47
Franz Hackel
Buchenwald 48

Hermann Hakel	Nebel	50
Heinz Hentschke	Gelungene Flucht	51
Georg Kafka	Segen der Nacht	52
Kurt Kapper	Was kommt denn noch?	53
Alfred Kittner	Friedhof Obodowka	54
	Unterwegs	55
Ruth Klüger	Der Kamin	56
Edgar Kupfer-Koberwitz	Typhus	57
	Der Marterpfahl	58
	Kette der Tage	60
Karl Schnog	Nackte Aussage	62
	Der Steinbruch	63
Erika Taube	Ich möchte gerne…	65
Ilse Weber	Ich wandre durch Theresienstadt	66
	Tor der Magdeburger Kaserne	67

Essayez de regarder – essayez pour voir
Versucht hinzuschauen – versucht zu sehen
[Französische Texte]

Charlotte Delbo	Essayez de regarder, essayez pour voir	70
	Versucht hinzuschauen, versucht zu sehen	71
Fania Fénelon	Dans le désert glacé	72
	In der eisigen Wüste	73
	Bombardiers	76
	Bomber	77
Michel Jacques	Jeu d'enfant	80
	Kinderspiel	81

Wer zenen mir?
Wer sind wir schon?
[Jiddische Texte]

Anonym	Schpalt zich, himl	84
	Spalt dich, Himmel	85
Rivka Basman	Di eibike trep	88
	Die ewige Trepp'	89
	Wer zenen mir?	90
	Wer sind wir schon?	91
Hirsch Glik	Lomir schwajgn	92
	Laß uns schweigen	93
Jascha Rabinowitsch	Jüdisches Wiegenlied	97
Lea Rudnitski	'S dremlen fejgl ojf di tswajgn	98
	Vögel träumen auf den Zweigen	99
Lea Swirski	Majn schtetl	100
	Mein Schtetl	101
J. Tsendorf	Undzer mut iz nit gebrochn	102
	Unser Mut ist nicht gebrochen	103

To Alarm! Zbudź się!
Alarm! Wach auf!
[Polnische Texte]

Teresa Bromowiczowa	Apel	106
	Appell	107
Anna Burdówna	Lagrówka	108
	Lagerliedchen	109
Zofia Górska-Romanowiczowa	Do Ojca	112
	Antigone	113
Zofia Grochowalska-Abramowicz	Harfy Birkenau	118
	Harfen von Birkenau	119
Gracjan Guziński	Capo-Foxtrott	123

Janina Hescheles	Bełżec	124
	Bełżec	125
Zofia Karpińska	Na swojską nutę	126
	Auf eine alte Weise	127
	Stoi nocka (II)	128
	KZ-Liebeslied	129
Maria Kociubska	Czekam na list...	130
	Ich warte auf Post...	131
	Wesz	132
	Die Laus	133
	Jetzt ist...	135
Leonard Krasnodębski	Chorał z piekła dna	136
	Choral aus der Tiefe der Hölle	137
Aleksander Kulisiewicz	Spalona matka	138
	Die verbrannte Mutter	139
Jadwiga Leszczyńska	Frauenlager	141
Aron Liebeskind	Kołysanka dla synka w krematorium	142
	Wiegenlied für meinen Sohn im Krematorium	143
Maria Rutkowska	Pokój mój	144
	Mein Friede	145
	Aufseherin K	146
	Moje ręce	148
	Meine Hände	149
	Alarm	150
	Nic nie wiem	154
	Nichts weiß ich heut	155
	Życie	156
	Leben	157
Aleksander Szymkiewicz	Depresja	158
	Depression	159

Włodzimierz Wnuk — Żywe kamienie 160
Die lebenden Steine 161

Einen Schmetterling hab ich hier nicht gesehn
[Tschechische Texte]

Pavel Friedmann — Motýl 164
Der Schmetterling 165
Dagmar Hilarová — Máj 1945 166
Mai 1945 167
Mif — Terezín 168
Theresienstadt 169
Koncert na půdě staré školy 170
Dachbodenkonzert in einer alten Schule 171
Jiří Stein — Dopis 174
Der Brief 175
Městu 176
An die Stadt 177

Biographien 179
Verwendete Literatur 207
Weitere Literatur zur Vertiefung – Eine Auswahl 209
Danksagungen 212

Vorwort

Auch ein halbes Jahrhundert nach dem grausamen Geschehen jener Jahre versuchen hunderte von Philosophen, Soziologen, Historikern, Theologen und Schriftstellern – Menschen guten Willens und mit empfindsamen Gewissen, darunter auch solche, die nach dem 2. Weltkrieg geboren sind – zu ergründen, wie geschehen konnte, was in den Jahren 1933 bis 1945 in Deutschland und in den vom Dritten Reich besetzten Gebieten Europas geschah. Eine volle und befriedigende Antwort hat bis jetzt niemand gefunden, weder im Land der Täter noch in den Ländern der Opfer dieses Verbrechens an der Menschheit, das sich eben in jenem System der Konzentrationslager, einem System der Unterdrückung und der massenhaften Vernichtung von Menschen durch Menschen, manifestierte.

Vor einigen Jahren faßte ich meine Erinnerungen an meine persönliche, schwere und schmerzhafte Erfahrung der Konfrontation mit diesem System in folgende Worte:

»Als 18jähriger Warschauer, angestellt beim Polnischen Roten Kreuz, wurde ich am 19. September 1940 Opfer einer SS- und Polizeirazzia: Festgenommen, nicht vernommen, am 22. September 1940 stand ich bereits auf dem Appellplatz in Auschwitz mit dem roten Winkel als politischer Häftling Nummer 4427. Bis zum Ende meiner Tage werde ich mich an den Ausspruch des damaligen Ersten Schutzhaftlagerführers, SS-Hauptsturmführer Karl Fritsch, erinnern: ›Ja, seht Ihr den Kamin da drüben? Seht Ihr dort drüben, dort ist das Krematorium. Der einzige Weg in die Freiheit führt für Euch durch den Schornstein.‹

Und wenige Minuten danach: Die SS-Leute suchten ein Opfer. Ein Lehrer aus einem Gymnasium in Warschau, neu im Lager. Ich weiß nicht, was er gemacht hatte, vielleicht stand er nicht gerade, was auch immer, es war nichts Besonderes. Die Kapos zerrten ihn nach vorne, wir haben es alle gesehen, die paar Tausend, und ich war dabei. Die Nummer 4427, Bartoszewski, sah zu, sah es deutlich, ich sehe es noch jetzt. Sie haben diesen Lehrer geprügelt und gefoltert. Er fiel, er lag, er wurde ohnmächtig, er blutete. Ich weiß nicht, ob er totgeschlagen wurde, mir schien, er war tot. Es dauerte 10, vielleicht 15 Minuten. Hier standen etwa 5000 Männer. Stramm in Hab-acht-Stellung. Und wir waren Zuschauer, und niemand hat etwas gesagt, niemand hat etwas unternommen. Und ich war da, und ich habe auch nichts gemacht, und das empfinde ich noch heute als die Scham meines Lebens, obwohl ich das alles verstehe. Was kann man durch Angst in ein paar Stunden erreichen! Wie kann in so kurzer Zeit ein Mensch so erniedrigt werden? Was kann man aus dem Menschen machen? Wir in der Menge wurden nicht gefoltert. Aber was konnten wir tun? Maschinengewehre oben auf den Wachtürmen, Wachposten ringsum! Und dennoch, hier wurde ein Mensch gefoltert. Das war ein ganz bewußt inszeniertes Schauspiel. Erreicht wurde ein Ziel. Wir hatten Angst.

Und die in meinem Beisein gequälten, sterbenden Menschen, die mich baten: »Du bist jung. Du hast vielleicht Chancen zu überleben. Du mußt das erzählen! Du mußt Zeugnis ablegen, das darf nicht vergessen werden!«

Die verzweifelte Bitte »Du mußt Zeugnis ablegen« habe ich nach meiner glücklichen Entlassung aus dem KZ als persönlichen Auftrag verstanden. Von der Erfüllung dieser Bitte jener Menschen, die nicht überlebt haben, von diesem Auftrag hat mich bis heute niemand entlassen. Die damaligen Häftlinge verstanden die innere Notwendigkeit der geistigen Auseinandersetzung mit der unbegreiflichen, grausamen Wirklichkeit unterschiedlich. Eine der Möglichkeiten des geistigen Überlebens in der dunklen KZ-Welt war die innere Integrität, die feste Überzeugung, daß es sich moralisch lohnt etwas zu tun, auch ohne Gewaltanwendung (die ja kaum möglich war). Zu diesen Formen des geistigen Widerstands gehörte das Gebet, eine andere, oft parallele Form war die Kunst, z. B. die Dichtung oder die Musik – eine eigene Dichtung in der Hölle.

Gedichte waren Trost, Nahrung, Hoffnung, Abreagieren und

gaben nicht nur den Schöpferinnen und Schöpfern, sondern auch vielen Mithäftlingen Kraft, um Tag für Tag zu überleben.
Was sagen uns die Gedichte und Lieder heute?
Sie sind Mahnung an diese Zeit, Aufruf zum Frieden und ein Appell an die Menschlichkeit. Sie bezeugen auch – und dies ist für unser heutiges Alltagsverständnis ungewohnt, fast unvorstellbar –, welche schöpferischen Kräfte unter solchen Bedingungen wachgerufen werden können. Es scheint so zu sein, daß, wenn wir an die Grenzen des Lebens gelangen, uns auch die Quellen des Schöpferischen zugänglich werden.
Durch wachsenden Terror kann die geistige Freiheit wachsen. Ich kann mich dem Terror unterwerfen und untergehen, ich kann aber auch, mit ihm lebend, neues Potential in mir entwikkeln und seine Herrschaft durchbrechen. Auch heute sind Menschen vielfältigen Bedrohungen ausgesetzt, oft jedoch subtiler und verschwommener als in der Welt der KZs mit ihren Herren- und Untermenschen.
Die Herausgeberinnen dieses Buches sind überzeugt, daß die Lieder und Gedichte der Menschen, die in den Lagern lebten und starben, nach wie vor ihre Berechtigung haben und keinesfalls nur historische Zeugnisse einer barbarischen Zeit sind. Denn um zu wissen, auf welcher Seite man steht, um zu wissen, was Recht und Unrecht ist, muß man sich mit dieser Problematik auseinandergesetzt haben, um einer solchen Situation nicht unvorbereitet ausgesetzt zu sein. Es ist bekannt und z. B. durch den Majdanek-Prozeß auch hinlänglich dokumentiert, daß angeklagte SS-Aufseher bis heute (!) kein Unrechtsbewußtsein ihren damaligen Handlungen gegenüber entwickelt haben, einfach deshalb, weil sie ihren Autoritäten gläubig ergeben waren, weil Befehle widerspruchslos auszuführen waren, weil Juden nicht als Menschen angesehen wurden, kurz: Weil man sich den geltenden Normen unterwarf, blind, gehorsam... Tugenden jener Zeit.
Wir kennen heute die Mechanismen der Indoktrinierung und wissen, wie leicht fast jeder Mensch manipulierbar ist (wie z. B. Testpersonen in psychologischen Experimenten die unglaublichsten Befehle ausführen, wenn die befehlerteilende Instanz für sie eine anerkannte Autorität ist). Wir leben aber auch in einer Zeit,

in der uns das Wissen über diese Dinge zur Verfügung steht. Um so mehr muß es uns berühren, daß es in jener Zeit unter den Lagerhäftlingen auch Menschen gab, die nicht nur ihren Haß auf ihre Peiniger herausschrien, sondern sogar versuchten, die Ursachen einer solchen Irreleitung der anderen Seite zu verstehen, denn auch dort gab es »Heldentum«, »Opfermut«, »Vaterland«, »Glaube«, »Treue« und nicht nur Sadismus und Barbarei. Dazu eine Mitgefangene der polnischen KZ-Dichterin Maria Rutkowska:

»Die Gedichte der Maria Rutkowska erschienen mir für das Lager als zu edelmütig, utopisch. Doch nach einiger Zeit, noch im Lager, habe ich begriffen, daß wir genau auf diese Art denken müssen, wenn wir in ein freies Leben zurückkehren wollen, ein Leben gereinigt vom Haß, und daß wir dank dieser Reinigung stärker sein würden, eher fähig, ein glückliches Leben aufzubauen.«

Was können wir, besonders wir aus der Generation der Zeitzeugen dieses unfaßbaren Geschehens heute, im Jahre 1992, dazu sagen?

Die biblische Stadt Sodom wurde nicht gerettet, weil zehn Gerechte fehlten. »Wer ein Leben rettet, rettet die ganze Welt«, sagt eine der Weisheiten des Talmuds. Das Europa von heute hat die Chance, die Vergangenheit zu verarbeiten und aus der Geschichte zu lernen. Diese Chance besteht nur in der Anerkennung des eigenen Versagens, des Mangels an Gerechtigkeit, an Toleranz und Zivilcourage in der Politik. Auschwitz steht – pars pro toto – als bedrängendes Symbol dafür, wohin solches Versagen führen kann. Auschwitz verpflichtet uns alle zur Besinnung und zur Erziehung der neuen Generation aller Völker im Geiste der Menschenachtung, im entschlossenen Engagement gegen Antisemitismus, Fremdenfeindlichkeit und negatives Pauschaldenken über den »Anderen«. Die mutigen guten Taten, die es damals auch gab, die Ausnahmefälle und die Opferbereitschaft der einzelnen müssen uns Vorbild bleiben. Denn, wenn so etwas wie der Fluch der bösen Tat existiert – was wir oft glauben –, dürfen wir auch auf den Segen der guten Tat vertrauen und an diesem Segen durch unsere Haltung teilnehmen.

Auschwitz wird ein Symbol des unbegreiflichen Bösen und der unbegreiflichen Unmenschlichkeit bleiben. Für die Juden in der ganzen Welt, für das polnische Volk, das mit hunderttausenden Märtyrern seine Leidensgeschichte in der Zeit des 2. Weltkrieges symbolisch mit Auschwitz verbunden fühlt, aber auch für andere Völker – insbesondere für das deutsche Volk –, für alle denkenden und fühlenden Menschen, für die ganze Menschheit.

Wien, im März 1992

Władysław Bartoszewski

[Auschwitz-Häftling 4427]
Friedenspreisträger des
Deutschen Buchhandels 1986

Zing fun di letste jidn ojf ejropes erd
Sing vom letzten Juden auf Europas Erde

Dos lid funem ojsgehargetn jidischn folk
Das Lied vom ausgerotteten jüdischen Volk

Jizchak Katzenelson war im Mai 1943 aus dem Warschauer Ghetto nach Frankreich ins Konzentrationslager Vittel deportiert worden. Dort entstand das wohl eindrücklichste Dokument jiddischer Dichtung über den Untergang der europäischen Juden, ein Zyklus von fünfzehn Gesängen. Katzenelson schrieb ihn in der Zeit von Oktober 1943 bis Januar 1944. Es gelang ihm, die Texte in drei Flaschen sicher unterzubringen und zu vergraben. »Das Lied vom ausgerotteten jüdischen Volk« konnte somit der Nachwelt erhalten bleiben. Jizchak Katzenelson kam am 29. April 1944 in Auschwitz um.
Der erste Gesang des Zyklus trägt den Titel »Zing!«. Er entstand in der Zeit vom 3. bis 5. Dezember 1943. Hermann Adler nannte seine Nachdichtung des Epos: *Das Lied vom letzten Juden.*

Jizchak Katzenelson

Zing!

»Zing! nem dajn harf in hant, hojl, ojsgehojlt un gring,
ojf zajne strunes din warf dajne finger schwer,
wi hertser, wi tsewejtigte, dos lid dos letste zing,
zing fun di letste jidn ojf ejropes erd.«

– wi ken ich zingen? wi ken ich efenen majn mojl,
az ich bin geblibn ejner nor alejn –
majn wajb un majne eufelech di tswaj – o grojl!
mir grojlt a grojl ... me wajnt! ich her wajt a gewejn –

»zing, zing! hejb ojf tsewejtigt un gebrochn hojch dajn schtim,
zuch! zuch im ojf dort ojbn, ojb er iz noch do –
un zing im ... zing dos letste lid fun letstn jidn im,
gelebt, geschtorbn, nischt bagrobn un nischto ...«

Jizchak Katzenelson

Das Lied vom letzten Juden!

Sing. Nimm
  die hohle, ausgehöhlte Harfe. Qual
Durchpulst
  die dünnen Saiten. Wirf die Finger, bang,
Wie Herzen schwer,
  auf sie. Dann: sing ein letztes Mal.
Sing. Sing
  des letzten Juden letzten Grabgesang.

Wie kann
  ich singen, öffnen meinen Mund, der bebt?
Allein
  bin ich. Sieh: ausgerottet hat der Tod
Mein Volk.
  Verdorrt ist meine Zunge. Furcht nur lebt
In mir.
  Die Fernen schluchzen. Unbeklagt klagt Not.

Sing. Sing,
  wenn auch dein Ton gebrochen klänge, schwer
Dein Lied
  sich löste. Suche Gott. Ob Gott noch denkt?
Ihm sing.
  Dein Lied vom letzten Juden höre Er:
Gelebt.
  Gelitten. Nicht zu sehen. Nicht versenkt.

– wi ken ich zingen? wi ken ich ojfhojbn majn kop?
majn wajb awekgefirt, un majn bentsionken un jomelen – a kind –
ich hob zej nit baj mir do, un zej lozn mich nit up!
o schotns fintstere fun majne lichtikste, o schotns kalt un blind!

»zing, zing letstn mol noch do ojf dr'erd, farwarf
dajn kop ahinter, farglejz di ojgn in im schwer
un zing a letstn mol im, schpil ojs im ojf dajn harf:
nito schojn mer kejn jidn! ojsgeharget un nito zej mer!«

– wi ken ich zingen? wi ken di ojgn ich farglejzt
in kop in majnem hojbn? a trer fargliwert hot
farklibn zich in ojg mir ... zi rajst zich, rajst
fun ojg arojs zich – un zi ken nit faln ... got, majn got!

»zing, zing, hojb ojf tsu himlen hojch un blind dajn blik,
wi s'wolt gewen a got, dort in di himlen ... wink im, wink –
wi s'wolt geschajnt, gelojchtn undz noch dortn grojs a glik!
zits ojf di churves fun dem ojsgehargetn fun folk un zing!«

Wie soll
  ich singen? Singen, weil ich lebe? Wehe mir!
Aus totem Mund,
  hörst du? tönt Klage. Wenn ich schweige, hallt
Der Schrei
  Verstummter. Sie umschleichen mich. Wo sind sie? Hier?
Hier nicht. Und nie.
  Und nirgends. Schatten mahnen. Blind. Und kalt.

Sing, sing,
  so laut du kannst. Und wirf dein Haupt empor. Empor
Zum Himmel. Blick
  in Gottes Augen. Tief. Und fest. Und klar.
Sing Ihm.
  Spiel Ihn auf Seiner Harfe aus. Und spiel Ihm vor:
Fort sind
  die Juden. Nirgends. Unbegraben. Unsichtbar.

Wie kann
  ich singen? Meine Augen sind versteint.
Vermag ich sie
  zu öffnen? Eine Träne bricht
Wie Glas
  von Glas, das splittert. Meine Seele weint.
Die Träne zerrt
  und brennt – Gott! Fallen kann sie nicht.

Sing. Sing.
  Erhebe bis zum blinden Himmel deinen Blick,
Als lebte Gott
  im Himmel. Winke! Warte auf des Himmels Wink,
Als leuchtete
  uns Hoffnungslosen noch im Himmel Glück.
Dann: setze dich
  auf Knochenreste Ausgerotteter. Und sing.

– wi ken ich zingen – az s'iz di welt mir wist?
wi ken ich schpiln mit farbrochene mit hent?
wu zenen majne tojte? ich zuch di tojte majne, got, in jedn mist,
in jedn bergl asch: – o, zugt mir wu ir zent?

schrajt arojs fun jedn zamd, fun unter jedn schtojn,
fun ale schtojbn schrajt, fun ale flamen, fun jedn rojch –
s'iz ajer blut un zaft, es iz der march fun ajer bejn,
s'iz ajer lajb un lebn! schrajt arojs, schrajt hojch!

schrajt arojs fun chajes ajngewajd in wald, fun fisch in tajch –
zej hobn ajch gegesn. schrajt fun kalchojfns, schrajt klajn un grojs,
ich wil a gwald, a wejgeschraj, a kol, ich wil a kol fun ajch,
schraj, ojsgeharget jidisch folk, schraj, schraj arojs!

nit schraj tsum himl, er hert dich wi di erd, der hojfn mist,
schraj nit tsu der zun, nit rejd tsum lomp ... ach, wen ich ken
farleschn zi, wi men farlescht a lomp im rotschimhejl do wist!
majn folk, host mer gelojchtn! bist lichtiker gewen!

Wie soll
  ich singen, da die Welt verödet ist?
Wie soll
  ich spielen? Mit gebrochner Fieberhand?
Wo sind
  die Toten, Gott? Ich suche sie im Mist
Vergeblich. Und
  im Aschenhaufen. Und im Sand.

Schreit auf
  aus Schutt und Kot, schreit auf aus jedem Stein,
Schreit aus
  dem Staub am Weg, aus jedem Flammenscheit!
Sie sind
  von eurem Blut und Saft und Mark und Bein,
Von eurem Leib
  und Leben. Unsichtbare! Schreit!

Schreit aus
  Gedärmen wilder Tiere, aus den Fischen schreit im Teich!
Sie haben euch
  gefressen. Aus den Todesöfen schreit! Denn schaut:
Ich brauche euren Ruf
  nach Hilfe und den Todesschrei von euch.
Schreit, Juden, Ausgerottete,
  schrei, ausgelöschtes Volk, schrei laut!

Schrei nicht
  zum Himmel, wie die Erde hört er dich. Wie nasser Dreck.
Schrei nicht
  zur Sonne. Wenn ich es vermöchte, ich verlöschte sie,
Als wäre sie
  nur eine Lampe von Verbrechern im Versteck.
Mein Volk
  so hell, wie du mir strahltest, strahlte Gottes Sonne nie.

o wajz zich mir, majn folk, bawajz zich, schtrek di hent
arojs fun griber tif un majlenlang un ungepropt gedicht,
schicht unter schicht, mit kalch bagosn un farbrent,
arojf! arojf! schtajgt fun der unterschter, der tifster schicht!

kumt ale fun TREBLINKI', fun SOBIBOR, fun
OSCHWENTSCHIM,
fun BELSCHITS kumt, kumt fun PONARI un fun noch, fun
noch, fun noch!
mit ojgn ojfgerisn, fargliwert a geschraj, a gwald un on a schtim,
fun zumpfn kumt, fun blotes ajngezunken tif, fun fojln moch –

kumt, getriknte, tsemolene, tseribene, kumt, schtelt zich ojs,
in a karahor, a rod a grojsn arum mir, ajn grojse rajf –
zejdes, babes, mames mit di kinderlech in schojs –
kumt, bejner jidische fun proschkes, fun schtiklech zejf.

wajzt mir, bawajzt zich ale mir, kumt ale, kumt,
ich wil ajch ale zen, ich wil ajch onkukn, ich wil
ojf majn folk, majn ojsgehargetn, a kuk tun schtum, farschtumt –
un ich wel zingen... jo... aher di harf – ich schpil!

[Vittel 3.–5. Dezember 1943]

Erscheine mir,
mein Volk, erscheine! Hand nach Hand
entringe sich
den ungezählten Gräbern. Schwört. Bezeugt.
Mahnt. Mahnt.
Verstummte, kalkbegossen. Und verbrannt.
Herauf!
Herauf! Entschwundene, aus tiefsten Tiefen steigt!

Kommt alle von
Treblinka, kommt von Auschwitz, kommt von Sowibor,
Von Belschetz kommt, kommt von
Ponari! Kommt und kommt! Kommt! Kommt! Kommt, reißt euch los!
Die Augen aufgerissen, mit
erstarrtem Schrei, der sich verlor,
Entkriecht
dem Sand! Und ihr, im Sumpfe Liegende, entsteigt verfaultem Moos.

Kommt, Ausgetrocknete,
Zermahlene, Zerriebene! Der Wind
Versammle euch.
Umringt, Getötete, mich! Steht gebannt. Versteift.
Kein Greis,
kein Vater, keine Mutter fehle, keiner Mutter Kind.
Kommt, jüdische
Gebeine, kommt zu mir: verpulvert. Und verseift.

Zeigt euch.
Stellt euch um mich. Kommt alle. Ich bin hart
Genug,
mein Volk, mein ausgerottetes. Ich will
Zu dir,
mein Volk, den Blick erheben: starr, erstarrt.
Und singen. Ja!
Reicht meine Harfe mir! Ich spiel!

[Nachdichtung aus dem Jiddischen von Hermann Adler]

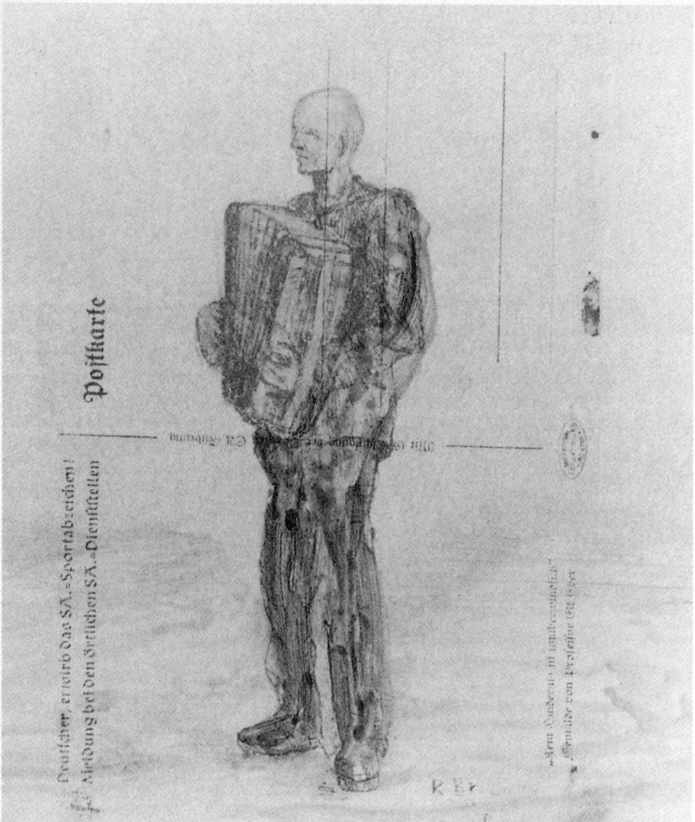
Postkarte
Deutscher, erwirb das SA.-Sportabzeichen!
Meldung bei den örtlichen SA.-Dienststellen

Wir sind vergessene Leute – eine Stunde von Weimar

[Deutsche Texte]

Hermann Adler

Was geschieht, heißt bald – Legende!

Ausgedörrt sind die Gestalten, die dort in Treblinka stehen,
und Minuten vor dem Gastod fiebernd noch um Wasser flehen.
Doch die rohen Söldner lachen überlaut im Übermute:
»Wenn du durstig bist, komm her dann! Reichlich sollst du trinken, Jude!
Jude, komm und sauf die Jauche dort aus der Latrinengrube,
durch den Duft gewöhnst du dich dann an die Luft der Giftgasstube!«

In den Schrei gequälter Menge kreischen laut Orchesterklänge,
laut und laut und immer lauter. Und doch können die Gesänge
aus der Stadt des Todes niemals das Gewissen übertönen!
Mancher darf jetzt Gott verfluchen und selbst Sterbende verhöhnen,
morden, morden stets aufs Neue. Aus Gewohnheit oder Reue
höre er sein ganzes Leben Blechmusik – und Todesschreie!

...Alle müssen sich entkleiden! Männer zittern, Frauen jammern,
und schon treibt man ein paar Tausend in die leeren Giftgaskammern.
Sechsminutenlanges Schreien gellt ins Ohr dann ungeheuer,
und die todgeätzten Klumpen wirft das Rollband in das Feuer...
Freiheitsfahnen werden wehen... Aber nach der Schicksalswende
wird man nicht die Toten sehen. Was geschieht, heißt bald – Legende!

[Warschauer Ghetto 1943]

Hermann Adler
»...Liebe den Nächsten wie dich!«

Hundert Versteckte sind wir und noch mehr,
und die Soldaten rumoren und suchen,
sprengen die Tore und toben und fluchen
nächtlich im Haus, doch das Haus ist wie leer...
Tausende treten den Todesweg an,
Tausende, die sich aufs Glück nur verließen,
wird man noch heute im Ghetto erschießen.
Wer sich versteckt hält, kommt morgen dran!

...Atmet nicht und flüstert nicht,
draußen stehn Soldaten,
und wer auch ganz leise spricht,
der wird uns verraten!

Unser Versteck wird zum Glück nicht gesehn;
plötzlich – beginnt laut ein Knabe zu weinen!
Aber es dürfen doch wegen des einen
heute nicht alle den Todesweg gehn!
Und nur die Mutter erkennt das Gebot
dieser Minute und tötet den Knaben
blutenden Herzens. Wir alle dann gaben
stumm ihr die Hand, und sie floh in den Tod!

...Atmet nicht und flüstert nicht,
draußen stehn Soldaten,
und wer auch ganz leise spricht,
der wird uns verraten!

[Wilnaer Ghetto 1942]

H. G. Adler
Nachtgesang unter der Erde

Urwelt der Träume...
O über mich!
Ausgeschüttet
Über mich Armen,
Der ich verlassen
Wankend stehe
Im Nacht-Gedächtnis
Dieser verwirkten Welt
In erstarrt – erstarrender Wirklichkeit! –

Wie lange noch
Muß ich dies tragen?
Wie lang?
Da ich doch ohne Schuld,
Oder Schweigen und Dulden
Die einzige Schuld!

Ängste zermartern
Mein Gedächtnis
Vernichtend mit Hunger und Frost. –
Darf ich leben?
Schicksal,
Darf ich noch leben?

Mich tötet die Hoffnung,
Schier tötet sie mich,
Wenn ich des Gottes gedenke...
Gottes –
O, über mich Armen!
Gottes – in Wirklichkeit,

Dunkel – – –
Gottes – in der Urwelt der Träume,
Voll Licht!

O – Gott!!!

[Langenstein 1945]

Rosebery d'Arguto
Jüdischer Todessang

Bom bom bom bom... bom bom bom bom...
bom bom bom bom... bom... bom... bom...
Li-laj li-laj li... li-laj
la-la-la...
li-laj li-laj li... li... laj...
Bom bom bom bom... bom bom bom bom...
bom bom bom bom... bom... bom...

Zehn Brüder waren wir gewesen,
haben wir gehandelt mit Wein...
Einer ist gestorben –
Sind wir geblieben neun.
O-joj!... Oj-joj!...

Jidl mit der Fiedel, Mojschje mit dem Baß,
singt mir mal ein Liedel –
müssen wir ins Gas! ...
Jidl mit der Fiedel, Mojschje mit dem Baß,
singt mir mal ein Liedel,
Liedel...
Müssen wir ins Gas! ...
ins Gas! ...
ins Gas!! ...
Bom bom bom bom... bom bom bom bom...

Ein Bruder bin ich nur geblieben;
mit wem soll ich nun weinen?
Die and'ren sind ermordet!
Denkt ihr an alle neun?!
O-joj!... Oj-joj!...

Jidl mit der Fiedel, Mojschje mit dem Baß,
Hört mein letztes Liedel,
ich muß auch ins Gas!
Jidl mit der Fiedel, Mojschje mit dem Baß,
hört mein letztes Liedel…

…Zehn Brüder waren wir gewesen,
wir haben keinem Weh getan…

Li-laj, li-laj li… li-laj, la-la –

– Alles raus!!…

Bearbeitung von Text und Musik: Rosebery d'Arguto
Musik: Trad. ›Tsen Brider‹
[Sachsenhausen 1942]

Der Todestango

Hörst du, wie die Geige schluchzend spielt?
Blutig klingen ihre Töne.
Hörst du, wie dein Herz sein Ende fühlt,
den Todestango spielt?
Hab' keine Angst, mein Lieb'...
Sand wird deine Leiche decken,
Sternenkerze dient als Brenner
und als Polster dient dir nur ein Stein –
doch glücklich wirst du sein so ganz allein.

Schüsse fallen, Kugel knallen.
Segregieren! Gift! Nur spielen!...
Und der Tod packt dich in die Hand,
drum sei fertig und bereit.

Autor unbekannt
Musik: Eduardo Bianco
[Janów-Lager 1942]

Ilse Blumenthal-Weiss

Für Peter David Blumenthal

(ermordet 1941 in Mauthausen)

So wandre ich durch tausend Marterzellen
und pflücke tausend Schmerzen von den Wänden.
Und tausend Träume, die die Nacht umstellen,
sie stehen auf aus tausend Bilder-Bänden:

In jeder Ecke klingt noch deine Stimme.
In jedem Lufthauch echot noch dein Lachen.
Und jeder Lichtstreif, der den Raum erhellt,
ist wie ein Abglanz deiner Strahlenaugen.
Tot bist du? – Tot. – Ich muß es langsam lernen,
daß man das Licht so ganz zerstören kann.

Ich muß es lernen, ohne dich zu leben.
Daß dieses Wort, daß dieses eine Wort
dich meint, dich, junges Kinderblut,
dich: Jubel! Jauchzen! Jugend! Übermut! –
Gott hat genommen. Einst hat Gott gegeben.
Ich muß es lernen, ohne dich zu leben.

[Theresienstadt 1945]

Ilse Blumenthal-Weiss
Häftlinge

Hunger und Angst. Hunger und Angst
trümmern den Schädel ein.
Hunger und Angst. Hunger und Angst
höckern das Herz zu Stein.

Hunger und Angst. Hunger und Angst
brechen Knochen und Glieder.
Hunger und Angst. Hunger und Angst
trampeln den Nächsten nieder.

Brot rettet mich,
Brot tötet dich,
Brot, das du deinem Bruder entrangst
vor Hunger und Angst.

[Theresienstadt 1945]

Joseph Drexel
Krieg

Von fremden Winden
Schauert das Schilf.
Die Wasser schweigen.
Verlernt hat Menschenmund
Die alten Psalter der Liebe.

Ferne im Schatten der Nacht schon
Wandert der Menschen
Letztes schuldloses Paar
Ins Elend.
Rauch steigt
Von zerschlagener Stätte.
Von geborstener Schwelle
Tropft vergossenes Blut.
An brandiger Mauer
Kichert die Distel,
Des Wahnsinns heilige Blume.

[Mauthausen; geschrieben nach dem 20. 7. 1944]

Hasso Grabner
Die Häftlingsnummer

Sie möchten gern, daß sie den Menschen lösche
Und seinen Namen ins Vergessen trägt,
Verlorner Ruf, der keinen Hall erregt,
Ein grauer Strich auf einer grauen Fläche.

Ein windverwehtes Nichts in seiner Schwäche,
Vom Leben als Karteiblatt abgelegt,
Ein Schatten, wo sich sonst ein Herz bewegt,
Damit das Herz an dieser Zahl zerbreche.

Nichts kann dem dunklen Wollen Sieg verleihn.
Es nimmt die Nummer jeden an die Hand,
Als einer großen Kette dienend Glied,
Als voller Ton in unserm hohen Lied,
Das Millionen unzertrennbar band,
Das Lied: Ich war, ich bin, ich werde sein!

[Buchenwald, September 1938]

Maria Günzel
Leid und Trost

Unendlich
einsam sind
die wahrhaft
Sehnenden.
Unendlich
einsam sind
die wahrhaft
Liebenden.
Unendlich
einsam sind
die wahrhaft
Denkenden.
Sie sind
kein Heer,
gehen
einzeln einher.
Sind bedrückt
von der Zeit
und gebeugt
vom Leid
der ganzen
Menschheit.
Aber sie sind
rein
wie die Quelle,
die rieselt und rinnt.
Und sie sind
wie
wärmende Helle,
die Sonne uns bringt

nach schauriger Nacht.
Und
sie sind!
und
werden sein!
und
wieder voran
der Menschheit gehn
und sicher sie geleiten
durch bewegte Zeiten.
Werden Kraft ihr leihn
und ihr Hilfe sein
und der Wunden Brand
mit liebender Hand
stillen und heilen.
O laßt sie
nicht länger mehr
einsam sein!
Laßt sie
in Eure Reihn!
Laßt sie
eure Führer sein!
Die
Sehnenden,
Liebenden,
Denkenden!
Sie sind
die zum Guten
Lenkenden!

[Ravensbrück]

E. H.
Ich träume im Lager

Ich träume im Lager
ganz traurig und grau,
da geht meine Jugend vorbei,
Was hab' (ich) euch allen,
was hab' ich getan?
Oh, Mutti, wann siehst du mich frei?
Ich darf doch nirgendshin
und niemals mit dir gehn,
mein Lieber, mein Liebling
aus Märchen, mein Schatz,
wann kommst (du) mal wieder
zu mir?

Verfasser unbekannt
Melodie: ›Es steht eine Mühle
im Schwarzwald im Tal'
[Ravensbrück 1944]

Franz Hackel
Buchenwald

Kein Vogel pfeift
Im toten Wald;
Und Nebel streift,
Durchnäßt und kalt.
Die Nacht ist blind;
Der Tag ist grau.
Wo ist ein Kind,
Wo eine Frau?

In schwarzen Buchen
Heult und höhnt der Wind...

Um Weimars Hügel tanzt der Schnee im Sturm.
Es grinst der schwarze Tod vom Wächterturm.

Zwölftausend Männer frieren beim Appell;
Im Mikrophon lärmt eine Stimme grell.

Zwölftausend Männern bellt der Ruf ins Ohr:
Sofort die Leichenträger an das Tor!

Um kahle Schädel tobt der Wintersturm.
Es grinst der schwarze Tod vom Wächterturm.

Kein Mitleid fällt uns an.
Woher auch Tränen nehmen
Auf diesem Berg,
In dieser Zeit?

Um dunkle Buchen,
Kahl wie Besen,
Treibt der Sturm
Nebelfetzen.

Beim Appell werden Nummern verlesen,
Keine Namen.
Und wer am Morgen noch da war –
Ist am Abend vielleicht schon
Vergessen, gewesen.

Von diesem heißt es:
Ging über den Rost;
Von jenem:
Im Steinbruch erschossen.

Kumpel, Genossen!
Wir sind vergessene Leute
– Eine Stunde von Weimar –
In diesem heroischen Heute.

[Buchenwald 1941]

Hermann Hakel

Nebel

Tränen, die ich nicht mehr wein,
die im Blick mir stocken,
starren aus den Fensterreihn
grau und toderschrocken.

Seufzer, die ich nicht mehr hauch,
die im Hals mir schäumen,
hängen als ein brauner Rauch
in den toten Bäumen.

Kälte, die mich nicht mehr friert,
Kraft, die ich begraben,
stürmt in Wolken, rebelliert
im Geschrei der Raben.

Ach, wohin? Ins Totenreich
sind wir hier geraten,
Schatten, die dem Nebel gleich
durch den Nebel waten.

[Unbekanntes KZ]

Heinz Hentschke
Gelungene Flucht

»Hei geiht...«
Schrieb Fitche auf seinen Kaffeepott und dann,
Dann war er im dichten Nebel verschwunden,
Spurlos verschwunden im Gelände.

Häscher suchten ihn,
Durchstöberten das Lager;
Das gesamte Moor wurde abgesucht,
Auch das übrige Deutschland.

Sie haben ihn nie gefunden.
Er blieb verschwunden.

Kamerad,
Wir indessen,
Stehen wegen deiner Flucht
Zum Dauer-Appell angetreten:
Einen Tag, eine Nacht
Und bis zum anderen Morgen...

Zur Strafe dafür,
Daß du erfolgreich
Durch den Draht
Und durch den Nebel bist entkommen!

Nein,
Wir sind dir nicht böse,
Kamerad!

[in den Emslandlagern zwischen
1942 und 1944 enstanden]

Georg Kafka

Segen der Nacht

Ich bin, Geliebte, Gottes schmaler Spiegel,
In den er blickt, eh' er zur Ruhe geht.
Mein Herz ist seines Ringes rotes Siegel,
Das er dem Abend aufprägt, eh' er ganz verweht.

Ich bin, Geliebte, Gottes Silberschale,
Aus der er oft des Schlummers Rotwein trinkt,
Von deren tiefem Grunde wie aus einem Tale
Des bleichen Monds das Lied der Schwermut klingt.

Ich war, Geliebte, Gottes stummer Spiegel.
Nun sing ich in der Ferne leise Lieder
Zur Laute dir, wenn rings die Sterne steigen.

Mein Herz war Gottes abendrotes Siegel.
Nun spricht er zu mir aus der Sterne Schweigen:
»In meinem Garten sehet ihr euch wieder...«

[Theresienstadt 1943]

Kurt Kapper
Was kommt denn noch?

Und wir begreifen unsere Schritte kaum,
Wenn wir durch diese langen Gänge gehn,
Wir können diese Welt noch nicht verstehn
Und hängen tastend zwischen Zeit und Raum.

Wir sehen Steine nur und keinen Baum,
Denn während wir in diese Höfe spähn,
Scheint unser Denken völlig still zu stehn,
Als lebten wir in einem wachen Traum.

Was kommt denn noch? Ist es noch nicht genug?
Wer hat uns denn in diesen Kreis verbannt?
Wir haben solches Suchen nie gekannt.

Und zagen scheu vor jedem Atemzug.
Das ist doch Traum! Das ist doch Selbstbetrug!
Und unbegreiflich quält sich der Verstand.

[Theresienstadt 1943]

Alfred Kittner

Friedhof Obodowka

Für Immanuel Weißglas

Dies ist ein finstrer Zeitvertreib,
Die Hunde abzuwehren,
Sie balgen sich um deinen Leib
Und wollen ihn verzehren.

Sie haben deiner Schwester schon
Die Füsse angebissen
Und deinen nackten toten Sohn
In Stücke bald gerissen.

Wie du im Frost liegst, jung und weiß,
Scheinst du dich noch zu regen;
Mit eigner Hand im Wintereis
Wollt ich zu Grab dich legen!

Doch morgen mußt im Massengrab
Du modern mit den andern.
Wer käm nicht gern zu dir hinab,
Statt von hier fortzuwandern?

[Lager Obodowka, Oktober 1943]

Alfred Kittner

Unterwegs

Als es in Strömen auf uns goß,
Im Grunde war es einerlei,
Trieb man mit Prügeln unsern Troß:
Nun birgt des Stalles Stroh uns zwei.
Vor mir bezogst du hier Quartier
Und liegst verwesend unter mir.
Weht Leichenruch auch durch den Raum,
Er schreckt mich nicht aus dumpfem Traum.

Den Läusen warst du bald zu kalt,
Im Grunde ist es einerlei,
Du warst kein guter Aufenthalt,
Und schließlich sind wir hier doch zwei.
Drum kriechen sie zu mir herüber
Und bringen mir das schlimme Fieber,
Dem du vor Tagen hier im Mist
Des lehmigen Stalls erlegen bist.

Du, Liebste, starbst; ich lebe noch,
Im Grunde ist es einerlei.
Auch ich pfeif auf dem letzten Loch,
Und morgen schaufelt man uns zwei
Mit Hunderten ins Massengrab,
Zusammen wirft man uns hinab,
Läßt ohne vieles Federlesen
Uns bis zum Jüngsten Tag verwesen.

[Stall Tschetwertenowka, Oktober 1942]

Ruth Klüger

Der Kamin

Meiner Freundin Hannah Ungar

Täglich hinter den Baracken
Seh ich Rauch und Feuer stehn,
Jude, beuge deinen Nacken,
Keiner hier kann dem entgehn.
Siehst du in dem Rauche nicht
Ein verzerrtes Angesicht?
Ruft es nicht voll Spott und Hohn:
Fünf Millionen berg' ich schon.
Auschwitz liegt in seiner Hand –
Alles, alles wird verbrannt.

Täglich hinterm Stacheldraht
Steigt die Sonne purpurn auf.
Doch ihr Licht wirkt öd und fad,
Bricht die andre Flamme auf.
Denn das warme Lebenslicht
Gilt in Auschwitz längst schon nicht.
Blick zur roten Flamme hin,
Einzig wahr ist der Kamin.
Auschwitz liegt in seiner Hand –
Alles, alles wird verbrannt.

[Auschwitz 1944]

Edgar Kupfer-Koberwitz
Typhus

1943
Er schleicht durch das Lager und haucht dich an,
sein Kuß läßt die Stirne erglühn. –
Hüt dich vor ihm, ja hüte dich, Mann,
ich sah den Tod mit ihm ziehn! –

Der Typhus kam – wie Gewitter hing
er über dem Lager her. –
Und als der Typhus wieder ging,
waren 200 Betten – – – leer.

1945
Er schleicht durch das Lager und haucht dich an,
sein Kuß läßt die Stirne erglühn. –
Hüt dich vor ihm, ja hüte dich, Mann,
ich sah den Tod mit ihm ziehn! –

Der Typhus kam – wie Gewitter hing
er über dem Lager her. –
Und als der Typhus wieder ging,
waren 12 000 Betten – – – leer.

[Dachau]

Edgar Kupfer-Koberwitz

Der Marterpfahl

»Baum« nennen sie jenen Marterpfahl,
dran hilflos das Opfer hängt,
die Arme hinten, zu größrer Qual,
Hängt er so herab vom Marterpfahl,
Kopf und die Stirne gesenkt. –

Des Körpers schweres, ganzes Gewicht
zerrt an dem verrenkten Arm,
Schweiß rinnt herab, bedeckt das Gesicht –
der SS-Mann grinst dazu und spricht:
»Na, Hund, wird's dir endlich warm?«

Der Schweiß rinnt in Strömen, rinnt und rinnt;
es schmerzt, daß viele laut schrein,
wie Tiere, die am Verenden sind –
die Schmerzen machen sie toll und blind,
sie können nur stöhnend schrein. –

Und die Folter dauert in Ewigkeit; –
der SS-Mann raucht vergnügt. –
Wer ermißt diese lange Spanne Zeit? –
Eine Stunde – zwei Stunden – Ewigkeit –
es scheint, daß das Zifferblatt lügt. –

Wenn einem die Sinne geschwunden sind,
sein Kopf auf die Brust ihm bricht,
sieht es der SS-Mann, stürzt hin geschwind,
schlägt ihm die Faust ins Gesicht –
und er zerrt an dem Körper und schaukelt ihn,
freut sich, wenn ihn neue Schmerzen durchglühn –
das heißt in Dachau: »Gericht«. –

Wenn von den Händen die Stricke gelöst,
so sinken sie schlaff herab –
sie sind wie gestorben, nicht wie erlöst,
und man fühlt es nicht, wenn man an sie stößt –
ganz fremd hängen sie herab. –

Zehntausende hingen am Marterpfahl,
zehntausend litten die gräßliche Qual,
zehntausend schrien gequält wie ein Tier,
Zehntausende haßten die Welt dafür … –
die Welt? – O nein, Deutschland haßten sie nur,
höhnten: »Das also ist Deutschlands Kultur?«
Und sie spien hoch im Bogen aus
auf das, was einstens ihr Vaterhaus:
auf Deutschland. –

[Dachau]

Edgar Kupfer-Koberwitz
Kette der Tage

Und ein jeder Tag ist so grau und trüb
und ein jeder Tag schleicht dahin –
die Tage rinnen, wie Wasser durchs Sieb,
stehlen sich fort wie ein trauriger Dieb,
kaum bleibt uns ein Rest noch von Sinn. –

Und ein jeder Tag löscht uns etwas aus,
einen Funken in unserer Brust –
Wir sagen nur noch: »die Liebe – das Haus« –
doch es klingt nicht echt, das Echo bleibt aus,
wir empfinden nicht mehr die Lust. –

Ein jeder Tag macht uns stumpfer und matt,
Gefühle verdorren im Herz –
man fühlt nur noch, ob der Magen auch satt,
ob heut man noch Kraft zum Ertragen hat,
und wir halten Roheit für Scherz. –

So stampft jeder Tag unser Ich zur Form,
zum nichtssagenden Dutzendstück...
jeder wird ein Häftling von gleicher Norm,
auch die Seele trägt eine Uniform,
nichts fühlend, nicht Leid mehr noch Glück. –

Die Tage fallen, wie Hämmer so schwer
und schmieden uns nützlich und platt –
es sind schon zuviel und werden noch mehr,
die Tage sind grau, sind öd und sind leer
dem, der ein Fühlen noch hat.

Und wenn diese Tage verronnen sind,
dann wird, wer sie übersteht,
einsam und still ragen, ein Baum im Wind,
der Welt ganz fremd sein, ein Waisenkind,
an dem scheu vorüber man geht. –

Denn draußen wird keiner uns ganz verstehn,
erkennen wird niemand, warum
wir so ganz verändert die Welt ansehn,
warum so andere Schritte wir gehn:
unsre Seele wurd lahm und krumm. –

Die Tage haben uns »Gestern« geraubt
und die Tage nehmen das »Heut« –
es war einmal, daß wir Andern geglaubt,
daß wir Ehrfurcht hatten vor weißem Haupt
und daß wir uns herzlich gefreut. –

Da werden wir sagen: »Die Welt ist dumm,
sie kann uns nicht mehr verstehn.«
Wir werden nicht fragen: wieso, warum? –
werden allein sein und eben darum
tiefer in Einsamkeit gehn. –

[Dachau]

Karl Schnog
Nackte Aussage

Ich habe so tief im Elend gesteckt,
Ich schien verloren, verkommen, verdreckt.
Gejagt ward ich und gepeinigt.
Erst, wenn ich sage, was ich sah,
Erst wenn ich schreibe, was geschah
Bin ich vom Schmutz gereinigt.

[Im April 1945, kurz nach der Befreiung, aber noch auf dem Gelände des KZ Buchenwald geschrieben]

Karl Schnog
Der Steinbruch

Eine Landschaft, wie am Schöpfungstage:
Sand und Steine, Büsche. Und sonst nichts.
Graue Gräser. Schreie wilder Klage.
Ort des Grauens, Tal des Weltgerichts.

Müde Füße, abgewetzte Treppen.
Alles jagt und hastet, keucht und rennt.
Schleppen – Schleppen – Schleppen – Schleppen.
Und erbarmungslos die Sonne brennt.

Schläge klatschen, Menschen fallen nieder.
Wolken Staubes und dazwischen Blut.
Fallen – Tragen. Immer, immer wieder.
Schmerzensschreie, Schreie wilder Wut.

Doch der Tag der Freiheit kommt für jeden.
Kamerad im Steinbruch, bist noch Knecht.
Einmal werden Steine für dich reden.
Wird der Steinbruch einst an dir gerächt? …

[Buchenwald 1944]

Erika Taube
Ich möchte gerne ...

Ich möchte gerne wieder lauschen dem Rauschen
des Zuges, der mich in die Ferne bringt,
der Schiene, die die Weise singt
von Ferne, so gerne.
Ich möchte gerne wieder Mensch sein
und ganz allein
mit dir auf einem Fleckchen stehn,
den Himmel, Mond und Sterne sehn
hinter den Stangen – und nicht gefangen.

[Theresienstadt zwischen 1941 und 1944]

Ilse Weber
Ich wandre durch Theresienstadt

Ich wandre durch Theresienstadt,
das Herz so schwer wie Blei.
Bis jäh' mein Weg ein Ende hat,
dort knapp an der Bastei.

Dort bleib' ich auf der Brücke steh'n
und schau' in's Tal hinaus:
Ich möcht' so gerne weiter geh'n,
ich möcht' so gern – nach Haus!

»Nach Haus!« – du wunderbares Wort,
du machst das Herz mir schwer.
Man nahm mir mein Zuhause fort,
nun hab ich keines mehr.

Ich wende mich betrübt und matt,
so schwer wird mir dabei:
Theresienstadt, Theresienstadt,
wann wohl das Leid ein Ende hat,
wann sind wir wieder frei?

[Theresienstadt]

Ilse Weber
Tor der Magdeburger Kaserne

Es gibt ein Märchen aus uralter Zeit
von einer Prinzessin, die Mühsal und Leid
und seltsames Schicksal erlitten.
Die sprach mit ihres Rosses Haupt,
sooft sie arm und vom Wege bestaubt
das dunkle Tor durchschritten:
»Oh, Fallada, da Du hangest.«

Wie die arme Prinzessin komm' ich mir vor,
durchschreite ich müde das alte Tor
der Magdeburger Kaserne.
Dort hängt ein verwittertes Pferdehaupt,
und geh' ich vorbei, aller Freude beraubt,
dann scheint mir, als hörte ich von Ferne:
»Oh, Jungfrau, da Du gangest.«

Du altes Tor in Theresienstadt,
wie bin ich vom Wege so krank und matt,
den meine Füsse gingen.
Ich schlug mich wund an manchem Stein,
es blutet mein Herz und zuckt voller Pein.
Und oft, ach so hört ich's klingen:
»Wenn das Deine Mutter wüßt',
das Herz im Leib müßt' ihr zerspringen.«

[Theresienstadt]

Essayez de regarder – essayez pour voir
Versucht hinzuschauen – versucht zu sehen
[Französische Texte]

Charlotte Delbo
Essayez de regarder, essayez pour voir

Un cadavre. L'œil mangé par un rat. L'autre œil ouvert avec sa frange de cils.
Essayez de regarder. Essayez pour voir.

Un homme qui ne peut plus suivre. Le chien le saisit au fondement. L'homme ne s'arrête pas. Il marche avec le chien qui marche derrière lui sur deux pattes, la gueule au fondement de l'homme. L'homme marche. Il n'a pas poussé un cri. Le sang marque les rayures du pantalon. De l'intérieur, une tache qui s'élargit comme sur du buvard. L'homme marche avec les crocs du chien dans la chair.
Essayez de regarder. Essayez pour voir.

Une femme que deux tirent par les bras. Une juive. Elle ne veut pas aller au 25. Les deux la traînent. Elle résiste. Ses genoux raclent le sol. Son vêtement tiré aux manches remonte sur le cou. Le pantalon défait – un pantalon d'homme – traîne derrière elle, à l'envers, retenu aux chevilles. Une grenouille dépouillée. Les reins nus, les fesses avec des trous de maigreur, sales de sang et de sanie.
Essayez de regarder. Essayez pour voir.

[Auschwitz]

Charlotte Delbo
Versucht hinzuschauen, versucht zu sehen

Eine Leiche. Ein Auge von einer Ratte verspeist.
Das andre Auge offen mit seinem Wimpernsaum.
Versucht hinzuschauen. Versucht zu sehen.

Ein Mann, der nicht mehr nachkommt. Der Hund packt ihn
von hinten. Der Mann bleibt nicht stehen. Er geht, mit
dem Hund hinter sich, der Hund auf zwei Pfoten, das
Maul im Gesäß des Mannes. Der Mann geht. Er hat keinen
Laut von sich gegeben. Das Blut zeichnet die Streifen
der Hose nach. Von innen breitet sich ein Fleck aus wie
auf Löschpapier. Der Mann geht, mit den Fängen des Hunds
im Fleisch.
Versucht hinzuschauen. Versucht zu sehen.

Eine Frau, von zwei andern an den Armen gezogen. Eine
Jüdin. Sie will nicht nach 25. Die beiden zerren sie.
Sie wehrt sich. Ihre Knie streifen den Boden. Ihr Kleid,
an den Ärmeln gezogen, rutscht ihr über den Kopf. Die
kaputte Hose – eine Männerhose – schleift hinter ihr her,
verdreht, festgehalten von den Fußknöcheln. Ein gehäuteter
Frosch. Die Hüften entblößt, das Gesäß voller Hungerlöcher,
schmutzig von Blut und Eiter.
Versucht hinzuschauen. Versucht zu sehen.

[Auschwitz]

Fania Fénelon

Dans le désert glacé

Dans le désert glacé de la mort
Lentement nous allions vers le nord
L'un à l'autre enchaînés
Nous allions sur le chemin
De nos lendemains
Nos épaules sous le froid courbées
Bien souvent gémissoient sous le fouet
Les hommes sur les routes mouraient
En pleurant les femmes se signaient.

Refrain:
Oh liberté que de larmes
Que de sang dans tes combats
Mais tu entretiens la flamme
Qui demain triomphera
Liberté que de souffrance
Lorsqu'on t'arrache à nos cœurs
Mais avec toi que d'espérance
Que d'amour et de bonheur.

Fania Fénelon

In der eisigen Wüste

In der eisigen Wüste des Todes
Zogen wir langsam gen Norden
Einer an den andern gekettet
Gingen wir auf dem Pfad
Unseres morgen
Unsere Schultern, von der Kälte gebeugt
Stöhnten unter den Peitschenhieben
Auf den Straßen starben Männer
Weinend bekreuzigten sich die Frauen.

Refrain:
Oh Freiheit – wieviel Tränen
Wieviel Blut in deinen Kämpfen
Du aber erhältst die Flamme
Die morgen triumphiert
Freiheit – wieviel Leiden
Da man dich von unseren Herzen reißt
Doch mit dir wieviel Hoffnung
Wieviel Liebe und Glück.

Dans le désert glacé de la nuit
Lentement nous avencions sans bruit
L'un à l'autre enchaînés
Nous allions sur le chemin
De nos lendemains
Qu'on entende dans le bruit du vent
Notre chant qui s'élève en grondant
C'est celui que là-bas on chantait
C'est celui pour lequel on mourait.

Refrain:
Oh liberté..

Musik: Pierre Olivier
[Auschwitz-Birkenau]

In der eisigen Wüste der Nacht
Schleppten wir uns lautlos voran
Einer an den andern gekettet
Gingen wir auf dem Pfad
Unseres morgen
Hört doch im Wehen des Windes
Unser Lied, das sich klagend erhebt
Jenes Lied, das man dort sang
Jenes Lied, für das man starb.

Refrain:
Oh Freiheit...

Musik: Pierre Olivier
[Auschwitz-Birkenau]

Fania Fénelon
Bombardiers
Mort à Bergen-Belsen

Trois morts sur la terre
Un jaune, un noir, un blanc
Un grand trou dans la terre, un grand trou noir
Un trou noir, entonnoir.

Un moineau sur une branche
Se déhanche
Et chante
Les feuilles sur la branche
Se balancent
Et le moineau danse
Danse chante
Chante et ne comprend pas le pourquoi
Ni le comment
Ni l'avion là-bas...
Le gros moineau noir!

Trois morts sur la terre
Un jaune, un noir, un blanc
Un grand trou dans la terre, un grand trou noir
Un trou noir, entonnoir.

Les feuilles sur la branche
Se balancent
Et le moineau danse
Chante et se déhanche

Fania Fénelon
Bomber
Tod in Bergen-Belsen

Drei Tote auf der Erde
Ein Gelber, ein Schwarzer, ein Weißer
Ein großes Loch in der Erde, ein großes schwarzes Loch
Ein schwarzes Loch, ein Trichter.

Ein Sperling auf einem Ast
Schaukelt
Und singt
Die Blätter auf dem Ast
Wiegen sich
Und der Sperling tanzt
Tanzt und singt
Singt und versteht nicht warum
Noch wieso
Noch das Flugzeug da unten...
Den großen schwarzen Spatz!

Drei Tote auf der Erde
Ein Gelber, ein Schwarzer, ein Weißer
Ein großes Loch in der Erde, ein großes schwarzes Loch
Ein schwarzes Loch, ein Trichter.

Die Blätter an dem Aste
Schaukeln hin und her
Und der Spatz tanzt
Singt und wiegt sich

Trois morts sur la terre
Un jaune un noir un blanc
Un grand trou dans la terre un grand trou noir
Und trou noir, entonnoir
Trois morts sur la terre
Qu'on ne connait pas...
Un jaune un blanc un noir.

[Bergen-Belsen]

Drei Tote auf der Erde
Ein Gelber, ein Schwarzer, ein Weißer
Ein großes Loch in der Erde ein großes schwarzes Loch
Ein schwarzes Loch, ein Trichter
Drei Tote auf der Erde
Die man nicht kennt…
Ein Gelber, ein Weißer, ein Schwarzer.

[Bergen-Belsen]

Michel Jacques

Jeu d'enfant

Le petit Polonais
De la Stube trois
   – il a huit ans
   c'est de son âge –
Saute à cloche-pied
Les morts de la nuit
Bien alignés entre
   Deux Blocks.

[Dachau]

Michel Jacques
Kinderspiel

Der kleine Pole
Von der Stube Drei hüpft
  – so ist ein Kind
  mit acht –
Auf einem Bein
Über die Toten der Nacht
Wohl aufgereiht zwischen
  Zwei Blocks.

[Dachau]

Wer zenen mir?
Wer sind wir schon?
[Jiddische Texte]

Schpalt zich, himl

schpalt zich, himl, loz di zunenschtraln
undz baschajnen mit dajn frilingslicht,
zol der winter mit der kelt upfaln,
zol in frejdn lajchtn dos gezicht.
grinen grozn, blien schojn di blumen
un di welt iz ful mit lojb-gezang,
wajl der friling iz tsu undz gekumen,
alts blit un iz ful mit farlang.

schpalt zich, himl, loz di zunenschtraln
undz baschajnen mit dajn frilingslicht,
zol der winter mit der kelt upfaln,
zol in frejdn lajchtn dos gezicht.
kumen fejglen, fun der wajt geflojgen
mit a grus: der friling iz schojn do!
genug schojn fun der kelt gelitn,
es kumt far undz a gute scho!

schpalt zich, himl, loz di zunenschtraln
undz baschajnen mit dajn frilingslicht,
zol der winter mit der kelt upfaln,
zol in frejdn lajchtn dajn gezicht.
»ir wet lebn« – zogn undz di schtraln –
ir wet lebn, nit farlirt den mut,
mit dem friling kweln naje kwaln,
hert majn ruf – es wet amol zajn gut!

Spalt dich, Himmel

Spalt dich, Himmel, laß die Sonnenstrahlen
scheinen über uns mit Deinem Frühlingslicht,
soll der Winter mit der Kälte enden,
soll in Freuden leuchten das Gesicht.
Grünt der Rasen, blühen schon die Blumen
und die Welt ist voller Lobgesang,
Frühling ist zu uns gekommen,
alles blüht und ist voller Verlangen.

Spalt dich, Himmel, laß die Sonnenstrahlen
scheinen über uns mit Deinem Frühlingslicht,
soll der Winter mit der Kälte enden,
soll in Freuden leuchten das Gesicht.
Kommen Vögel von weit her geflogen
mit dem Gruß: Der Frühling ist schon da!
Kälte haben wir genug ertragen
unsre Stunde ist bald da.

Spalt dich, Himmel, laß die Sonnenstrahlen
scheinen über uns mit Deinem Frühlingslicht,
soll der Winter mit der Kälte enden,
soll in Freuden leuchten Dein Gesicht.
»Leben sollt ihr« – sagen uns die Strahlen –
lebt, verliert nur nicht den Mut,
Frühling kommt, und neue Quellen fließen,
hört meinen Ruf – es wird noch alles gut!

schpalt zich, himl, loz di zunenschtraln
undz baschajnen mit dajn frilingslicht.
zol der winter mit der kelt opfaln,
zol in frejdn lajchtn dajn gezicht!

[Verfasser unbekannt; Lager unbekannt]

Spalt dich, Himmel, laß die Sonnenstrahlen
scheinen über uns mit Deinem Frühlingslicht,
soll der Winter mit der Kälte enden,
soll in Freuden leuchten Dein Gesicht.

[Verfasser unbekannt; Lager unbekannt]

Rivka Basman
Di eibike trep

di zun iz hel, di zun iz andersch,
wi trep farzunkene in pajn,
jeder trep a trep fun wander
wos schlept mich tog ojs, tog ejn.

tsementene, kalte, groje –
zej schlingen alts wos schmekt mit glik,
ich schlep zich, schlep zich noch majn trojer
frimorgn ejn, bejnacht tsurik.

dos gantse lebn trep zich drejen,
wi farscholtn, on a tsil.
Tsegangen zejnen lang schojn schnejen,
ich gej noch alts ojf trep wi dil.

tsi wel ich kenen ejnmol friling
bejm letstn trepl blajbn schtejn
un ojsschrajen fun tifn hartsn:
»schojn mer kejn trep nitu tsu gejn!«

[Lager Kaiserwald]

Rivka Basman
Die ewige Trepp'

Die Sonn ist hell, die Sonn ist anders,
wie Treppen, die versunken sind in Pein,
jede Treppe eine Trepp' zum Wandern
die mich schleppt tagaus, tagein.

Zementne, kalte, graue –
verschlingen alles, was schmeckt nach Glück,
ich schlepp mich, schleppe mich mit meiner Trauer
frühmorgens her, bei Nacht zurück.

Das ganze Leben drehn sich Treppen,
wie verflucht und ohne Ziel.
Vergangen ist schon lang der Schnee,
ich geh noch immer auf der Trepp' wie toll.

Ob ich noch je einmal erleben werd' den Frühling,
Ob ich beim letzten Treppchen dann bleib' stehn
und schrei heraus aus tiefstem Herzen:
»Nie mehr eine Treppe gehn!«

[Lager Kaiserwald]

Rivka Basman

Wer zenen mir?

wer zenen mir in necht in fintstere, farwoglt un farhast,
arojsgetribene fun hajzer, hefker ojsgeschpast?
wi wolkns hastike wos kenen nit derjogn zich,
tseflien un fargejen in der schtil un on a tsil, –
wer zenen mir?

wer zenen mir in necht in finstere, getswungene tsu frejd?
tserajsn dos harts, arojsgisn dos blut,
getswungene tsu frejen zich un zogn as es is gut,
wer zenen mir?

wolkns schtojb fardekn funem friling alts arum,
un ergetswi a harts tut klapn ... s'blit a blum,
un s'klingt in tifer nacht arum an echo-schtim –
a jamerdiker wajnen ... schtile nacht arum ...
wer zenen mir?

[Lager Kaiserwald]

Rivka Basman
Wer sind wir schon?

Wer sind wir schon in finsteren Nächten, vertrieben und verhaßt,
vertrieben, ohne Heimat, verspottet und verlacht?
Wir sind wie Wolken, die am Himmel hastig ziehen,
und verfliegen, die lautlos in der Still' vergehen
ohne Ziel' –
Wer sind wir schon?

Wer sind wir schon in finsteren Nächten, gezwungen zur Freude?
Das Herz zerrissen, vergossen das Blut,
gezwungen uns zu freuen, zu sagen es sei gut,
Wer sind wir schon?

Wolken von Staub verstecken den Frühling ringsum,
und irgendwo da schlägt ein Herz... blüht eine Blume,
erklingt das Echo einer Stimm' in tiefer Nacht,
jammervolles Weinen... stille Nacht ringsum...
Wer sind wir schon?

[Lager Kaiserwald]

Hirsch Glik

Lomir schwajgn

lomir schwajgn, wajter schwajgn,
un kejn wort geret;
lomir mit farmachte ojgn
murmlen a gebet.
nit di tseumen, nit di drutn,
nit di wach wos schtejt –
kejner ken uns nit farbotn
wejnen schtilerhejt.

unds azoj wi bejmer schtile,
wintl, nischt farmajd;
efscher westu undzer tvile
gor fartrogn wajt,
zolst zich, wintl, lang nischt zamen,
tun westu dos gewis –
tsu majn alter, kranker mamen
trug majn hajs grus.

tswischn tojznde, milionen
ojgn alerlej –
west majn mames glejch derkenen,
andersch zenen zej.
ire ojgn rak fartrerte
s' triknt zej kejn wint;
in a lager a fartserte
benkt zi noch ir kind.

Hirsch Glik

Laß uns schweigen

Laß uns schweigen, weiter schweigen,
und kein Wort geredt!
Laß uns mit geschlossnen Augen
murmeln ein Gebet.
Nicht die Zäune, nicht die Drähte,
nicht die Wach', die steht –
keiner kann uns je verbieten,
zu weinen still und leis.

Nicht wie stumme Bäume
laß uns Wind hier stehn.
Unser Flehen trag mit dir
fort in weite Ferne.
Wind, Wind, säum' nicht lange,
treiben tut's dich doch –
meiner alten kranken Mame
bring du meinen Gruß.

Unter tausenden Millionen
Augen wirst du gleich
meiner Mame ihre kennen,
anders sind sie doch.
Ganz verweint sind ihre Augen,
es trocknet sie kein Wind;
voller Schmerz im fernen Lager
sehnt sie sich nach ihrem Kind.

ejl zich, wintl, schnel geflojgn –
ich majn grus ir schik,
s' weln ire kranke ojgn
zen ir kind tsurik...
lacht dos wintl, efscher wejnt es –
rojmt a sod mir ajn...
ich farschtej nit, efscher mejnt es:
s'wet majn sof do zajn.

ch'wil dem wintl epes fregn,
s'drikt dos harts a trer, –
iz dos wintl schnel farflojgn
un kajn wort nit mer.
lomir schwajgn, wajter schwajgn
un kejn wort geret;
lomir mit farmachte ojgn
murmlen a gebet.

[Lager Klooga]

Eil dich, Wind, und schnell geflogen –
meinen Gruß ihr schick,
’s wollen ihre kranken Augen
zu ihrem Kind zurück...
Lacht der Wind gar – oder weint er?
Räumt mir ein Geheimnis ein...
ich versteh nicht, vielleicht meint er:
’s wird mit mir zu Ende sein.

Will den Wind noch etwas fragen,
’s drückt mein Herz so schwer,
ist der Wind schnell fortgeflogen
und kein Wort fällt mehr.
Laß uns schweigen, weiter schweigen,
und kein Wort geredt!
Laß uns mit geschloßnen Augen
murmeln ein Gebet.

[Lager Klooga]

94
1913

Jascha Rabinowitsch
Jüdisches Wiegenlied

Schlaf, mein Kindlein, sanft und stille,
schließ die Äugelein,
's gibt von Kindern nicht mehr viele
wie du, mein Sonnenschein.

Vater ist nicht mehr am Leben,
fort mit der Aktion,
sein letzter Gruß, sein letztes Streben
war für dich, mein Sohn.

Zogen her aus weiter Ferne,
trug dich auf der Hand,
kamen her zu fremden Leuten
in ein fremdes Land.

Leg den Kopf sanft in die Kissen,
der Morgen ist noch weit.
Du sollst, mein Kindlein, niemals wissen
deiner Mutter Leid.

Schlaf, mein Kindlein, sanft und stille,
schließ die Äugelein,
's gibt von Kindern nicht mehr viele
wie du, mein Sonnenschein.

Komponist unbekannt
[Precu 1943]

Lea Rudnitski
'S dremlen fejgl ojf di tswajgn

's dremlen fejgl ojf di tswajgn,
schlof, majn tajer kind,
baj dajn wigl ojf dajn nare
sitst a fremde un zingt:
lju lju lju, lju lju lju, lju.

's is dajn wigl wu geschtanen,
ojsgeflochtn fun glik,
un dajn mame, oj, dajn mame
kumt schojn kejnmol nischt tsurik.
lju lju lju, lju lju lju, lju.

'ch hob gezen dajn tatn lojfn
unter a hogl fun schtejn,
iber felder is geflojgn
sajn ferjosemter gewejn.
lju lju lju, lju lju lju, lju.

's dremlen fejgl ojf di tswajgn.
schlof, majn tajer kind.
baj dajn wigl ojf dajn nare
sitst a fremde un zingt:
lju lju lju, lju lju lju, lju.

's is dajn wigl wu geschtanen,
ojsgeflochtn fun glik,
un dajn mame un dajn tate
kumt schojn kejnmol nischt tsurik.
lju lju lju, lju lju lju, lju.

[Lager unbekannt]

Lea Rudnitski
Vögel träumen auf den Zweigen

Vögel träumen auf den Zweigen,
Schlaf, mein liebes Kind.
An deiner Wiege, an deiner Seite
Sitzt eine Fremde und singt:
Lju lju lju, lju lju lju, lju.

Es hat deine Wiege einst gestanden,
Ganz geflochten aus Glück.
Und deine Mutter, oh, deine Mutter,
Kommt wohl niemals mehr zurück.
Lju lju...

Ich hab gesehn deinen Vater laufen
Unter dem Hagel aus Steinen.
Über Felder ist geflogen
Sein verwaistes Weinen.
Lju lju...

Vögel träumen auf den Zweigen,
Schlaf, mein liebes Kind.
An deiner Wiege, an deiner Seite
Sitzt eine Fremde und singt:
Lju lju...

Es hat deine Wiege einst gestanden,
Ganz geflochten aus Glück.
Und deine Mutter und dein Vater
Kommen wohl niemals zurück.
Lju lju...

[Entstehungsort unbekannt]

Lea Swirski
Majn schtetl

in drojsn a lichtike nacht –
di levone, di schtern zej finklen,
es schloft majn klejn schtetl fartracht,
schtil is schojn in ale winklen.

nor blojs ich ajne bin wach,
ich lig un ich ken nit ajnruen,
di levone zi rajtst mich un lacht,
di schtern tseluches mir tuen.

nit kajn gezeene kraft
schtojst mich arop fun majn betl,
un durchn fentster fargaft
bakuk ich majn schlofedik schtetl.

an umetik trojerik bild
far di ojgn hot zich mir tsegosn,
majn schtetl is schreklech un wild
mit tajchn fun blut farflosn.

oj, schtetele majns, du klejn,
du host zich ingantsn gebitn,
wen ich wolt dich itster nit zen
wolt ich azoj nit gelitn.

wan is farfaln dajn chejn?
tse wos fun dir geworn!
oj, schtetele majns, du klejn,
ch'wolt beser nit wern geborn!

[Schischmarer Lager]

Lea Swirski
Mein Schtetl

Da draußen – die helle Nacht –
Der Mond, die Sterne, sie funkeln,
Mein kleines verträumtes Schtetl, es schläft,
Still ist's schon in allen Winkeln.

Nur ich alleine bin wach,
Ich lieg da und ich kann nicht schlafen,
Der Mond, er reizt mich und lacht,
Sogar die Sterne wollen mich plagen.

Eine niemals gekannte Kraft
Reißt mich aus meinem Bette,
Und durch mein Fenster, erstarrt,
seh' ich mein schlafendes Schtetl.

Ein unendlich trauriges Bild
hat sich vor meinen Augen ergossen,
mein Schtetl ist schrecklich und wild,
mit Teichen von Blut, das geflossen.

Oj, Schtetele meins, du kleines,
Wie bist du auf einmal so anders,
Würd' ich dich jetzt so nicht sehn,
müßte ich nicht so viel leiden.

Wann ist verfallen dein Charme?
Sieh, was ist aus dir geworden!
Oj, Schtetele meins, du kleines,
Wär ich doch besser nie geboren!

[Schischmarer Lager]

J. Tsendorf

Undzer mut iz nit gebrochn

undzer mut iz nit gebrochn,
s'iz dos lebn wunderschejn.
s'klingt fun wajtn schojn netsochn,
iber alts wos iz gemejn.

tsuzing:
ze, di welt, zi blit schojn wider,
wi jedes jor – jeden maj.
jid un mentsch zej zejnen brider,
s'muz di welt doch wern fraj.

in der hejm dort waib un kinder
weln undz doch wider zen.
undzer mut wet wajzn wunder
und der nes wet doch geschen.
ze di welt...

s'iz tsu alt schojn di geschichte
fun has tswischn krist un jid,
s'kumen tsejtn umgerichte,
s'feld in drojsn far ale blit.
ze di welt...

hecher, hecher fun barakn
hejbn zol zich undzer lid,
far ale wert dos feld tseakert,
un far ale der korn blit.
ze die welt...

[Lager Pithiviers 1941]

J. Tsendorf
Unser Mut ist nicht gebrochen

Unser Mut ist nicht gebrochen,
’s ist das Leben wunderschön.
Und der Sieg ertönt von weither,
über alles, was gemein.

Refrain:
Sieh, die Welt, sie blüht schon wieder,
wie jedes Jahr – wie jeden Mai.
Jud und Mensch sie sind ja Brüder
’s muß die Welt doch werden frei.

In der Heimat Weib und Kinder
wollen uns doch wieder sehn.
Unser Mut wird Wunder weisen
Und das Wunder wird geschehn.
Sieh, die Welt...

’S ist zu alt schon die Geschichte
vom Haß zwischen Christ und Jud,
Zeiten kommen unerwartet.
Für uns alle ist das Feld bestellt.
Sieh, die Welt...

Hoch und höher soll sich heben
über die Baracken unser Lied,
für uns alle wird das Feld beackert,
und für alle gibt es Brot.
Sieh, die Welt...

[Lager Pithiviers 1941]

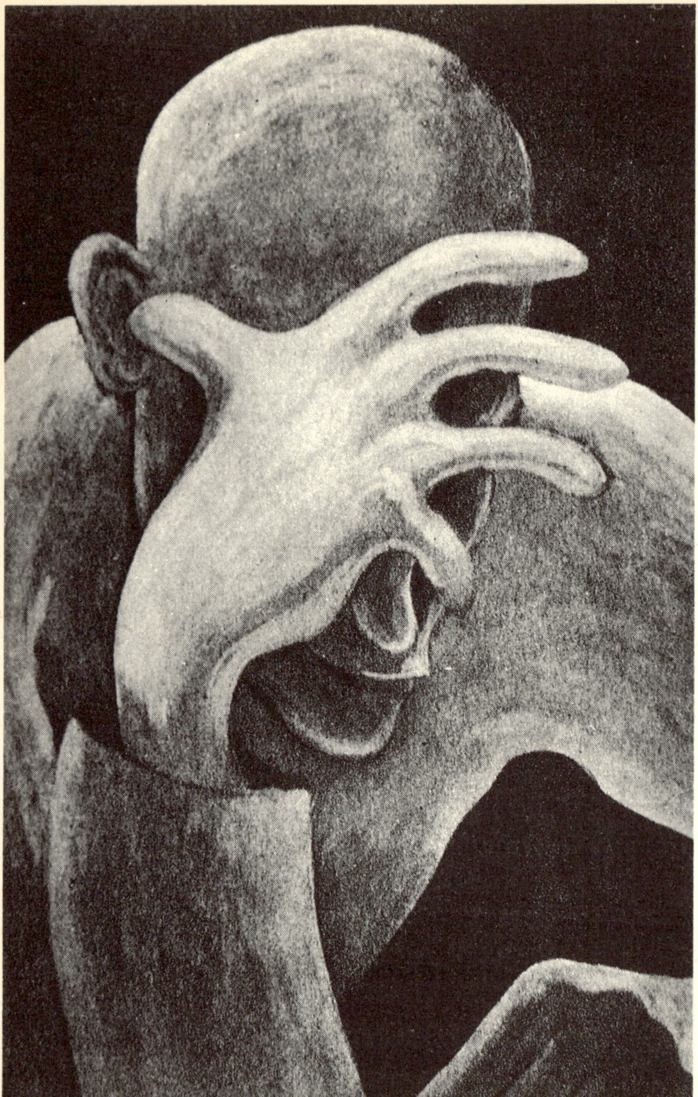

To Alarm! Zbudź się!
Alarm! Wach auf!
[Polnische Texte]

Teresa Bromowiczowa

Apel

To my. Ten las pasiaków
Apelem nagle na placu wyrosły,
Stoimy – trzciny ludzkie,
Nieme, głuche – proste –
Czekamy –
A nad głowami
W oślepiającym błękitu żarze
Jastrząb, rozpięty prężną mordu wolą,
Przecina słońce – na skrzydłach śmierć waży – obcy samolot –
...Wczoraj je wzięto.
W rzędach nie znać braku,
Miejsce ich zarósł nowy las pasiaków,
A tam za murem komin...
Czernieje
Szeroką rozwartą paszczą.
A nad kominem
Dym – czarny jastrząb –
Na skrzydłach śmierć waży,
Na skrzydłach śmierć niesie.
....
....
Jest głucha cisza w pasiaków lesie
To apel śmierci. Apel wciąż trwa.
Kto dzisiaj? Może ty? Może ja?
....
....

[Ravensbrück 1945]

Teresa Bromowiczowa
Appell

Das sind wir. Dieser Wald aus Uniformen
Plötzlich emporgewachsen beim Appell auf dem Platz,
Stehen wir – menschliches Schilfrohr,
Stumm, taub – aufrecht –
Warten wir
Und über unsern Köpfen
In der gleißenden Morgenhitze
Durchschneidet, gestrafft vom gesteigerten Mordwillen
Ein Habicht die Sonne – auf den Flügeln wiegend den Tod –
ein fremdes Flugzeug –
...Gestern hat man sie geholt.
Die Reihe ohne Lücken,
An ihrer Stelle wuchs ein neuer Uniformenwald,
Dahinten der Kamin
Wird schwarz und schwärzer
Um seinen aufgerissnen Schlund.
Und über dem Kamin –
Rauch – schwarzer Habicht –
Auf den Flügeln wiegt er den Tod,
Auf den Flügeln bringt er den Tod.
....
....
Dumpf ist die Stille im Uniformenwald
Das ist der Todesappell. Der Appell ist immer.
Wer heute? Vielleicht du? Vielleicht ich?
....
....

[Ravensbrück 1945]

Anna Burdówna
Lagrówka

Za grubym murem, kolczastym drutem
wiodła rozmowę wrona z kogutem.
Temat nadzwyczaj był sensacyjny,
właśnie o lagrze koncentracyjnym.

Powiedz mi wrono, jak się tam żyje,
bo o tym różne są historyje.
Co dzień do pracy idą gromady,
co znaczą babskie te defilady?

Są tam kobiety, pardon, numery,
a jest ich przeszło tysięcy cztery.
Są tam cyganki, są i księżniczki,
bibelforszerki i te z uliczki.

Jest także Polek gromada liczna,
co druga ładna, co trzecia śliczna,
a gdzie jest trudna i ciężka praca,
tam zarząd lagru Polki przeznacza.

Pracują w szwalni, w kuchni, w rewirze,
dźwigają cegły, aż bolą krzyże.
Budują szosy, lasy karczują,
a proszę patrzeć, jak maszerują.

Powiedz mi wrono, moje kochanie,
co też tam jedzą te nasze panie?
Ach, mój kogucie, to mówić szkoda,
wyłącznie »Eintopf«, rzadki jak woda.

Anna Burdówna
Lagerliedchen

Hinter der Mauer, dem Stacheldrahtzaun
führt ein Gespräch die Kräh' mit dem Hahn.
Das Thema war sehr sensationell,
man sprach übers Lager gleich auf der Stell.

Sage mir, Krähe, wie man dort lebet,
denn darüber wird so manches geredet.
Täglich zur Arbeit gehn sie in Scharen,
was soll'n die Paraden in langen Haaren?

Es sind dort Frauen, Verzeihung, Nummern,
und ihre Zahl ist mehr als Viertausend.
Zigeunerinnen, adlige Frauen,
Zeugen Jehovas und die von der Straße.

Auch eine Riesenschar Polinnen,
Schön jede zweite, toll jede dritte,
und wo die Arbeit schwierig und mühsam,
da wählt der Lageraufseher nur sie aus.

Sie schneidern, kochen, sie pflegen Kranke,
sie schleppen Ziegel, bis das Kreuz wehtut.
Sie bauen Straßen, sie roden Wälder,
und schau nur hin, wie sie marschieren.

Nun sag' mir, Krähe, du meine Liebe,
was sie dort essen, unsere Frauen?
Ach lieber Hahn, es lohnt nicht der Rede,
nichts außer ›Eintopf‹, so dünn wie Wasser.

Dalej nie pytaj – stop – ani kroku,
wpadniesz do bąkra lub do Strafblocku.
Co się tam dzieje, niech Bóg zachowa,
włos dąba staje i milknie mowa.

Powiedz na jaką, wrono, intencję
syrena robi mi konkurencję?
Codziennie ryczy, jak wół do trzody,
czy się dotyczy to niepogody?

Tej to syreny są różne cele,
a przede wszystkim to »Zehlapele«.
Tam godzinami zimne i drżące
stoją w szeregach liczne tysiące.

A gdy zaryczy wśród nocy czarnej,
to są przeważnie Fliegeralarmy.
Tak to upływa, mój koguciku,
życie lagrowe w tym Ravensbrücku.

Powiedz, czy one mają nadzieję,
że ciemność zniknie, a dzień zadnieje?
Ach, naturalnie, wierzą serdecznie,
wszak lagry istnieć nie będą wiecznie.

Musik: Josef Lammer (19. Jh.)
[Ravensbrück 1941]

Frag nicht mehr weiter – stopp – keinen Schritt mehr,
sonst fällst du in' Bunker oder in' Strafblock.
Was dort passiert, daß Gott bewahre,
darüber schweig' ich und sträube die Haare.

Sage mir, Krähe, warum wohl, warum,
stört die Sirene immer mein Krähen?
Heult jeden Tag wie der Ochs in der Herde,
soll das wohl heißen, Schlechtwetterzeit?

Diese Sirene hat manche Ziele,
zuallererst sind es »Zählappelle«.
Stundenlang stehn dort frierend und zitternd
in langen Reihen Tausend und Tausend.

Und heult sie mitten in schwarzer Nacht,
so heißt das immer Fliegeralarm!
So geht's dahin, oh mein Kogucik,
das Lagerleben in Ravensbrück.

Sag', haben sie Hoffnung, wird ihre Nacht enden,
der Tag anbrechen mit seinem Licht?
Doch ja, sie glauben von ganzem Herzen,
daß diese Lager nicht ewig bestehn.

Musik: Josef Lammer (19. Jh.)
[Ravensbrück 1941]

Zofia Górska-Romanowiczowa
Do Ojca

Wracam do Ciebie myślą, Ojcze,
Do owych dalekich chwil,
Do owych szczęśliwych lat,
Kiedyśmy razem szli
Przez tajemniczy świat.

Drzewa mówiły do nas,
W dziuplach mieszkały duszki,
Dreptały obok Ciebie
Maleńkie nóżki.

Czego było się bać.
Czego było się lękać
Jakże było bezpiecznie
Na twoich rękach.

Dziś Ty, jeżeli żyjesz
I ja – w szarym ubiorze,
Czasem się może mijamy,
Nie wiedząc o tym może.

Wszyscy są tacy szarzy,
Wszyscy są tacy sami,
Lecz jeden spojrzał na mnie
Twymi oczami.

Jeden wyciągnął rękę
Twoim znajomym gestem,
Może to Ty – jeśli żyjesz,
Jeżeli jesteś...

Zofia Górska-Romanowiczowa

Antigone

Ich kehre zu Dir zurück in Gedanken, Vater,
Zu jenen fernen Augenblicken,
Zu jenen fernen Jahren,
Als wir gemeinsam gingen
Durch die geheimnisvolle Welt.

Die Bäume sprachen zu uns,
In den Baumhöhlen wohnten Elfen,
Neben Dir trippelten
Kleine Füßchen.

Wovor sich fürchten,
Wovor Angst haben,
Wo es so sicher war
Auf Deinen Armen.

Du, wenn Du noch lebst
Und ich – in grauer Uniform,
Vielleicht begegnen wir uns heut',
Und wissen es nicht.

Alle sind so sehr grau,
Alle so sehr dieselben,
Aber einer schaute mich an
Mit Deinen Augen.

Einer streckte die Hand aus
Es war Deine Geste,
Vielleicht warst es Du – wenn Du lebst,
Wenn es Dich gibt...

Ale mówi mi serca ucisk:
»Nie wierzę, że Ty żyjesz«,
»Nie wierzę, że Ty wrócisz«.

Gdzieś się to kiedyś stało
W chwilę dla mnie nieznaną,
Śnisz mi się teraz nocą
Z krwawiącą raną.

Jakże mi znany Twój strach,
Jakże mi znana Twa boleść,
Ten mały krwawy punkcik
Na Twoim czole.

Wszystko to wiem na pamięć,
Znam całą Twoją mękę –
Gdybym ci mogła wtedy
Uścisnąć rękę...

Gdyby mi wolno było
Twemu biednemu ciału
Wykopać w piasku grób
Pod jakąś brzozą białą.

Pod jakąś brzozą cichą,
Zdala od wszystkich ścieżyn
I wiedzieć, że Ty tam śpisz,
że Ty tam leżysz –

Salwę stokrotnym echem
Powtórzył las zielony,
Nikt nie usłyszał głosu
Płaczącej Antygony.

Pocóż mi dłużej kłamać?
Pocóż się dłużej łudzić?
I cóż nas więcej czeka
Od takich ludzi?

Doch sagt mir beklommen mein Herz:
»Ich glaube nicht, daß Du lebst,
Ich glaube nicht, daß Du wiederkehrst.«

Irgendwo ist dies irgendwann geschehen,
In einem mir nicht bekannten Moment,
Jetzt erscheinst Du mir nachts im Traum
Mit einer blutenden Wunde.

Ich kenne doch Deine Angst,
Ich kenne doch Deinen Schmerz,
Diesen blutroten Punkt
Auf Deiner Stirn.

All das weiß ich auswendig,
Ich kenne all Deine Qual –
O hätt' ich Dir damals
Gedrückt die Hand...

O dürft' ich doch nur
Deinem armen Körper
Ausheben ein Grab im Sand
Unter der weißen Birke.

Unter der stillen Birke
Fern allen Pfaden
Und wissen, daß Du dort schläfst,
Daß Du dort liegst –

Mit hundertfachem Echo warf
Der grüne Wald die Salve zurück,
Und keiner hörte die Stimme
Der weinenden Antigone.

Was soll ich länger lügen?
Soll länger ich betrügen?
Und was erwartet
Uns noch von diesen Menschen?

I już Cię oto nie ma.
Odszedłeś między cienie –
Cóż stąd, że któryś z nich
Ma Twe spojrzenie?

Jakże dalekie te dni,
Jakże odległe te lata,
Kiedyśmy razem szli
Na powitanie świata,

Gdy las przemawiał do nas,
Gdy las się do nas śmiał –
Dziś w takim samym lesie
Rozległ się strzał.

I nie wiem, gdzie Cię szukać,
W jakiej nieznanej stronie –
Nie dano pogrześć ciała
Płaczącej Antygonie.

[Ravensbrück 1943]

Und schon bist Du nicht mehr.
Gingst in das Schattenreich –
Was hilft's, daß einer
Von ihnen Deine Augen hat?

Wie fern sind jene Tage,
Wie fern sind jene Jahre,
Da wir gemeinsam gingen
Zu grüßen diese Welt,

Als zu uns sprach der Wald,
Als er uns lächelte –
Heut' fiel in diesem Wald
Ein Schuß.

Und wo Dich suchen, weiß ich nicht,
An welchem Ort, in welcher Richtung –
Man ließ den Leichnam nicht bestatten
Die weinende Antigone.

[Ravensbrück 1943]

Zofia Grochowalska-Abramowicz
Harfy Birkenau

Ze stosu trupów patrzą twarze martwe,
bez ust, bez nosa, źrenicą szklaną –
w gwiazdy patrzą...
Szczury, szczury tańczą
w rudych korowodach.

A na słupach świetlistych
rozpięte druty lśnią.
To harfy Brzezinek,
harfy Birkenau.

Lepkie błoto cuchnące, krew na onucach,
wciąż złorzeczenia i domy ludzi, ludzi-szkieletów...
Obłąkane oczy –
tłumy i tłumy...

A na słupach świetlistych
rozpięte druty lśnią.
To harfy Brzezinek,
harfy Birkenau.

Wody, wody!... Wody! Daj wody, język puchnie,
zgrzane wargi pękają – kona złotowłosa.
Na zgniłym barłogu niech zdycha, niech zdycha!

A na słupach świetlistych
rozpięte druty lśnią.
To harfy Brzezinek,
harfy Birkenau.

Zofia Grochowalska-Abramowicz
Harfen von Birkenau

Von dem Stoß Leichen blicken tote Gesichter
ohne Mund, ohne Nase, mit gläsernem Auge –
blicken zu den Sternen…
Ratten tanzen ihre
roten Reigen, – Ratten.

Und die Drähte, zwischen die Lichtmasten
gespannten Drähte – sie glänzen.
Das sind die Harfen von Brzezinka
die Harfen von Birkenau.

Stinkender klebriger Kot, an den Fußlappen Blut
nichts als Flüche und haushoch Menschen, Menschenskelette…
Augen von Wahnsinn,
Massen und Massen.

Und die Drähte, zwischen den Lichtmasten
gespannt – sie glänzen.
Das sind die Harfen von Brzezinka,
die Harfen von Birkenau.

Wasser, Wasser!… Wasser! Gib Wasser, die Zunge schwillt an,
die heißen Lippen sie platzen – die mit den goldenen Haaren stirbt.
Soll sie krepieren auf ihrem dreckigen Stroh, krepieren!

Und die Drähte gespannt zwischen den
Lichtmasten glänzen.
Das sind die Harfen von Brzezinka,
die Harfen von Birkenau.

W tłumie rozesłanym na ziemi
pierś leżącą podkuty trafił but,
na łbie się potknął ludzkim.
Wstaje krzyk, krzyk tysięcy,
leci wycie w przestrzeń.

A na słupach świetlistych
rozpięte druty lśnią.
To harfy Brzezinek,
harfy Birkenau.

Pędzą koła po szynach,
ku zwycięstwu zbrodni spieszą,
wiozą, wiozą ludzi do gazu,
ludzi do pieca, ludzi na polany benzyną stos.
Dymy się ścielą gęste, cuchnące dymy…
Tu ludzie ludzi palą.

A na słupach świetlistych
rozpięte druty lśnią.
To harfy Brzezinek,
harfy Birkenau.

[Birkenau 1944]

In der Menge die auf der Erde gelagert
traf ein beschlagener Stiefel eine liegende Brust
stolperte über eines Menschen Stirn.
Ein Schrei steht auf, ein tausendfacher Schrei,
Geheul fliegt in den Raum.

Und die Drähte zwischen die Masten gespannt
sie glänzen.
Das sind die Harfen von Brzezinka,
die Harfen von Birkenau.

Räder rollen über die Schienen,
jagen dahin für den Sieg des Verbrechens,
sie fahren, sie fahren Menschen ins Gas,
Menschen zum Ofen, Menschen auf den benzinbegossenen Stoß.
Dichte Rauchschwaden breiten sich aus, stinkender Qualm...
Hier verbrennen Menschen Menschen.

Und die Drähte zwischen die Lichtmasten
gespannt – sie leuchten.
Das sind die Harfen von Brzezinka,
die Harfen von Birkenau.

[Birkenau 1944]

Gracjan Guziński
Capo-Foxtrott

Hau ab! Du Schnalzkopf, hau ab!
Du Schlawiner, komischer Vogel und Drecksack!
Geh, du alte Sau, du Muselmann!
Hau ab! Du Schnalzkopf, hau ab!
Du Schlawiner!
Ich werd' dir helfen,
ich werd' die helfen!
Paß' auf, du blöder Hund!...

[Mauthausen-Gusen 1943]

Janina Hescheles
Bełżec

Jaki okropny to obraz:
Pełen ludzi wagon
w kącie kilka trupów,
wszyscy stoją nago.
Jęk zagłusza kół turkot –
Skazaniec tylko rozumie,
Co koło do niego mówi:
Na Bełżec! na Bełżec! na Bełżec!
Na śmierć! na śmierć! na śmierć!
Do Bełżca, do Bełżca, do Bełżca,
po śmierć, po śmierć, po śmierć.
Jeśli chcesz żyć
to skacz! to leć! to pędź!
lecz zważ
bo banszuc czyha na cię też
Drugiemu skazańcowi szepce,
nie ujrzysz już matki swej więcej.
Próżno płaczesz, próżno łkasz
Ojca nie zobaczysz,
Bo koło na Bełżec cię gna –
na Bełżec, na Bełżec, na Bełżec!
po śmierć, po śmierć, po śmierć!
do Bełżca, do Bełżca, do Bełżca
na śmierć, na śmierć, na śmierć.
Pociąg zwalnia, przestaje tak biec,
Z tysiąca piersi jęk się wyrywa,
Pociąg do celu dobija,
Świszczy lokomotywa:
Już Bełżec! już Bełżec! już Bełżec!

[Obóz Janowski 1943]

Janina Hescheles

Bełżec

Was für ein schreckliches Bild:
Ein Waggon voller Menschen
in der Ecke ein paar Leichen,
alle stehen nackt
Stöhnen übertönt das Rattern der Räder –
Der Verurteilte versteht nur,
was sie ihm sagen:
Nach Bełżec! nach Bełżec! nach Bełżec!
in den Tod, in den Tod, in den Tod.
Bis Bełżec, bis Bełżec, bis Bełżec,
zum Tod, zum Tod, zum Tod.
Willst du leben
dann spring! dann flieg! dann renn!
aber gib acht
auch dir lauert der Bahnschutz auf
Einem andern wispern sie zu,
deine Mutter siehst du nie wieder.
Du weinst umsonst, du schluchzt umsonst
Den Vater siehst du auch nicht mehr,
weil Räder dich nach Bełżec jagen –
nach Bełżec, nach Bełżec, nach Bełżec!
zum Tod, zum Tod, zum Tod!
bis Bełżec, bis Bełżec, bis Bełżec
in den Tod, in den Tod, in den Tod.
Der Zug bremst ab, hört auf zu rasen,
Ein Stöhnen reißt sich tausend Menschen aus der Brust
Der Zug kommt an sein Ziel,
Ein Pfeifen der Lokomotive:
Schon Bełżec! schon Bełżec! schon Bełżec!

[Janów-Lager 1943]

Zofia Karpińska

Na swojską nutę

Stoi nocka, sen ucieka,
Pachną bzy.
Gdzieś za siódmą, siódmą rzeką
Żyjesz ty.
Czas przemija, nad łąkami
Nocka trwa,
Za drutami, za kratami
Żyję ja.
A ode mnie aż do ciebie
Długi szlak,
Nie przeleci, nie przefrunie
Żaden ptak.
A ode mnie aż do ciebie
Blisko tak,
Że jak młotem tętnią skronie
I tchu brak.
Ponad lasem, hen, daleko
Płyną mgły,
Choć za siódmą, siódmą rzeką
Żyjesz ty.
Dam ci smutne serce moje
Ciężkie sny,
Dam ci wszystkie niepokoje,
Ból i łzy.

[Majdanek 1943]

Zofia Karpińska
Auf eine alte Weise

Es steht die Nacht, es flieht der Traum,
Der Flieder duftet.
Hinter dem siebten, siebten Berge wo
Da wohnst du.
Die Zeit verstreicht, über den Wiesen
Dauert die Nacht,
Hinter Drähte, hinter Gitter
Hat man mich gebracht.
Und von mir bis zu dir
Ist 's so weit,
Kein Vogel fliegt hier
vorbei.
Und von mir bis zu dir
Ist 's so nah,
Daß hämmernd die Schläfen pochen
Der Atem stockt.
Über dem Wald, ach, ferne
Ziehen Nebel,
Doch hinter dem siebten, siebten Berge
Da wohnst du.
Ich geb dir mein trauriges Herz
Die schweren Träume,
Ich geb dir all meine Unruh,
Schmerz und Tränen.

[Majdanek 1943]

Stoi nocka (II)

Stoi nocka, czas ucieka, kwitną bzy – kwitną bzy...
A za siodmą górą, rzeką jesteś ty – jesteś ty...
Stoi nocka, czas ucieka, wojna trwa – wojna trwa...
Za drutami, za drutami czekam ja.

Moje serce, ach za tobą długo łka – długo łka...
Nie doleci tu za druty żaden ptak – żaden ptak...
Stoi nocka, czas ucieka, wojna trwa – wojna trwa...
Za drutami, za drutami zdycham ja
Zdycham ja...

[Variation des Textes von Zofia Karpińska, der 1943 in Majdanek entstanden war]

KZ-Liebeslied

Draußen steht eine bange Nacht,
die Zeit flieht, der Flieder blüht.
Hinter dem siebenten Berg bist du,
draußen steht eine bange Nacht.
Die Zeit flieht, der Krieg dauert an.
Hinter den Drähten warte ich.

Mein Herz sehnt sich nach dir
und weint, ach lange, ach lange.
Hierher zu uns hinter die Drähte
fliegt kein Vogel.
Draußen steht eine bange Nacht,
die Zeit flieht, der Krieg dauert an.
Hinter den Drähten krepiere ich,
hinter den Drähten krepiere ich.

[Majdanek 1943]

Maria Kociubska

Czekam na list...

Czekam na list, na tę kartkę małą –
Na której droga ręka skreśliła nieśmiało
W obcej, wrogiej nam mowie jakieś dziwne zdania
Ostrożne odpowiedzi, nieśmiałe pytania,
Słowa, co tak bardzo chciałyby pocieszyć,
Ukoić ból tęsknoty i koszmarnych przeżyć.
Mija dzień po dniu beznadziejnie szary,
I sobotnie popołudnie bez zmiany –
Czekam na list, na tę kartkę małą...

[Ravensbrück 1941]

Maria Kociubska

Ich warte auf Post...

Ich warte auf Post, auf diese kleine Karte –
Auf der die teure Hand so zagend schrieb
In jener fremden, feindlichen Sprache merkwürdige Sätze
Vorsichtige Antworten, scheue Fragen,
Worte, die so sehr trösten wollen,
Lindern den Sehnsuchtsschmerz und den Alptraum.
Tag für Tag vergeht in hoffnungslosem Grau,
Und samstagsmorgens unerschütterlich –
Wart ich auf Post, auf diese kleine Karte...

[Ravensbrück 1941]

Maria Kociubska
Wesz

Moja złota, słuchaj, wiesz,
Musisz dla mnie kupić wesz.
Jeśli inaczej nie da,
Zapłacę porcyjką chleba.

A gdyby stroiła miny,
Dam jej trochę margariny.
Niech się zanadto nie droży
I dwie gnidy też dołoży.

Po co wesz? Ach moja panno,
Chcę pójść na tę kwarantannę.
Pomyśl, ach, to mnie rozczula,
Czysto uprana koszula,

Czyste majtki i haleczka,
Fartuszek i sukieneczka…
Prędko, tylko spiesz się, spiesz
I kup mi porządną wesz.

[Ravensbrück 1943]

Maria Kociubska

Die Laus

Meine Süße, paß gut auf,
ich brauch dringend eine Laus!
Und im Falle größter Not
bezahl ich sie mit meinem Brot.

Und wenn sie verzieht ihre Miene
kriegt sie auch ein wenig Margarine.
Soll den Preis nicht zu hoch hissen,
lieber drauftun ein, zwei Nissen.

Wozu eine Laus? Ach, meine Schöne,
ich möcht so gerne in die Quarantäne.
Nichts ist mir derzeit so fremd,
wie ein frisch gewaschenes Hemd!

Saubere Hosen und ein Schürzchen,
Unterrock und noch ein Mützchen...
Schnell, beeil dich, lauf ach lauf,
kauf mir eine schöne Laus!

[Ravensbrück 1943]

Maria Kociubska
Jetzt ist...

Jetzt ist Schweigestunde,
Also halten Munde,
Mit Zungen dabei
Sprechen ist verboten
Schweigen wie die Polen
Ihr seid noch nicht frei
Man muß Schnobel halten –
Jungen oder Alten,
Ihr seid immer faul,
Ihr sollt Strumpfe machen
Und nie sollt Ihr lachen.
Also halten Maul!

[Ravensbrück]

Leonard Krasnodębski
Chorał z piekła dna

Słyszcie nasz chorał...
słyszcie nasz chorał...
słyszcie nasz chorał
z piekła dna!...
Niech naszym katom
w uszach gra chorał!...
chorał!...
z piekła dna,
niech naszym katom,
niech naszym katom gra...
Niech naszym katom,
niech naszym katom...
słyszcie nasz chorał,
słyszcie nasz chorał
z piekła dna!...
Attention! Attention!!...
Tu ludzie giną,
tu ludzie są!...
tu ludzie są!...

Muzyka: Aleksander Kulisiewicz (1944)
[Sachsenhausen]

Leonard Krasnodębski

Choral aus der Tiefe der Hölle

Hört unseren Choral
Aus der Tiefe der Hölle!
Er soll unseren Henkern
Auf ewig die Träume stören!
Choral, Choral!
Aus der Tiefe der Hölle,
Er soll unseren Henkern
Die Träume stören...
Die Träume stören,
Für immer die Träume stören!
Hört unseren Choral!
Hört doch unseren Choral!
Aus der Tiefe der Hölle...
Attention! Attention!
Hier krepieren Menschen,
Auch hier sind Menschen!!

Musik: Aleksander Kulisiewicz (1944)
[Sachsenhausen]

Aleksander Kulisiewicz
Spalona matka

To ja – spalona matka –
do waszych serc pukam stęsknionych.
Widzieć mnie nie możecie;
Nie można widzieć spalonych.
Gaz wypalił mi oczy,
włosy zajęły się pierwsze.
Stałam się małym prochem.
Proch uleciał w powietrze.
To ja – spalona matka –
do waszych serc wołam z oddali:
Niech dzieci nikt nie zabija!
Niech matek nikt nie pali!
spalona błaga matka.

[Sachsenhausen 1944]

Aleksander Kulisiewicz

Die verbrannte Mutter

Ich, die verbrannte Mutter
poche an eure sehnsüchtigen Herzen.
Sehen könnt ihr mich nicht,
Verbrannte kann man nicht sehen.
Das Gas hat mir die Augen ausgebrannt.
Zuerst fingen die Haare an
ich wurde zu kleiner Asche
die Asche flog in die Luft.
Ich, die verbrannte Mutter
rufe von fern euern Herzen zu:
Daß niemand die Kinder erschlage!
Daß niemand die Mütter verbrenne!
Darum fleht die verbrannte Mutter.

[Sachsenhausen 1944]

Jadwiga Leszczyńska
Frauenlager

Lager, Lager, Frauenlager!
Lager Auschwitz-Birkenau!
Lagerstraße, Sauna, bloki,
Toiletten, Wascheraum...

»Kaffee holen!« und »Aufstehen!« –
»Appell, Appell!« – »Alle r-raus!« –
»Und zu Fünfen!« – »Achtung!« – »Ruhe!«
»Zählappell!« – »Es stimmt genau!«...

»Außenkommando ausrücken!« –
Marschkolonne, Kapo, Post;
Hacke, Trage, Harke, Schaufel,
»Bemüht euch!« – »Aber los!«...

Revier, Grippe und Fleckfieber,
Durchfall, Scheiße, Krätze, Laus!
»Kranke fertig!«, Leichen, Kamin,
Krematorium, Spritze, Gas!...

[Birkenau 1944]

Aron Liebeskind
Kołysanka dla synka w krematorium

Krematorium czarne, głuche...
bramy piekieł, trupów stos.
Śliskie, sztywne ciała wlokę,
osiwiałem w jedną noc.
Oto synek leży, synek mój,
małe piąstki w usta wgryzł.
Jakżeż ciebie w ogień wrzucę tu!...
Złote włoski śliczne twe...

Lulaj, lulaj synku mój...
lulaj, lulaj synku mój...
lulaj, lulaj synku mój...
sy-y-y – nku mój...

Podłe słońce, czemu milczysz?
Wszak widziałem wszystko tu.
Główkę jego roztrzaskali
O kamienny, zimny mur.
Patrzą w niebo ciche oczka twe
I zastygłe krzyczą łzy
Synku! Wszędzie, wszędzie twoja krew!
A przeżyłeś latka – trzy.

Lulaj, lulaj synku mój...
Lulaj, lulaj synku mój...
Lulaj, lulaj synku mój...
sy-y-y – nku mój...

[Treblinka 1942]

Aron Liebeskind
Wiegenlied für meinen Sohn im Krematorium

Schwarzes, stummes Krematorium...
Höllentor, Leichenstoß.
Glitschige, steife Körper schleppe ich,
Grau geworden bin ich über Nacht.
Hier liegt mein Sohn, mein kleiner Sohn,
Die Fäustchen in den Mund gebissen.
Wie kann ich dich ins Feuer werfen – hier!...
Deine schönen goldenen Haare...

Lulaj, lulaj du mein Sohn...
Lulaj, lulaj du mein Sohn...
Lulaj, lulaj du mein Sohn...
du-u-u – mein – Sohn!...

Elende Sonne, warum schweigst du?
Ich hab alles hier mit angesehen.
Sein Köpfchen haben sie zerschmettert
An der kalten Wand aus Stein.
Deine stillen Äuglein schaun zum Himmel
Und erstarrte Tränen schreien
Sohn! Überall und überall dein Blut!
Und du lebtest doch – nur drei kurze Jahre.

Lulaj, lulaj du mein Sohn...
Lulaj, lulaj du mein Sohn...
Lulaj, lulaj du mein Sohn...
du-u-u – mein – Sohn!...

Übersetzung aus dem Jiddischen
von Aleksander Kulisiewicz
[Treblinka 1942]

Maria Rutkowska
Pokój mój

Pokój mój będzie w kwiatach
Gdy mnie cichutko przytuli
Za miesiąc... albo po latach.
Wtedy
Okryje się moją sukienką
Pachnącą perfumami,
Me włosy posiwiałe
Nad skroniami
Jedwabnie lśnić będą i miękko
A ręce będę mieć białe
Piękne jak kiedyś.

Teraz
Mam tylko sny.
Nad brudnym łachem koszuli
Schylam się codzień z trwogą,
Palce rąk z lękiem otwieram
I jestem nędzarką ubogą
Gdy szukam – świerzbu i wszy.

[Ravensbrück, Dezember 1942]

Maria Rutkowska

Mein Friede

Mein Friede wird sein unter Blumen
Wenn er mich leis' umfängt
In einem Monat... oder nach Jahren.
Dann
Hüll' ich mich ein
In duftende Parfums,
Meine grauen Haare
Über den Schläfen
Werden seidig glänzen und weich
Und meine Hände werden weiß sein und
Schön wie einst.

Jetzt
Hab' ich nur Träume.
Über dem dreckigen Fetzen von Hemd
Beug' ich mich täglich voll Angst,
Öffne ganz bang die Finger meiner Hand
Und bin eine arme Bettlerin
auf der Suche nach – Krätze und Läusen.

[Ravensbrück, Dezember 1942]

Maria Rutkowska

Aufseherin K

Przysłano Cię do nas rozkazem.
Spojrzałaś nam w twarze
Z odrazą
I gniewem wielkim.
Za kilka dni
Spuszczałaś już powieki
Wołając »weiter!«
Aż raz ujrzałam łzy
Nieotarte
W oczach patrzących znowu w naszą stronę.
Skąd one?
Powiedziałaś, że płaczesz nad nami.
Może – nad swoimi snami,
Że masz dziewiętnaście lat,
A Twój świat
Dumnych wierzeń
W piekle leży.

[Ravensbrück, Frühling 1943]

Maria Rutkowska
Aufseherin K

Man schickte Dich zu uns auf Befehl
Du schautest uns ins Gesicht
Mit Verachtung
Und großem Groll.
Nach ein paar Tagen
Senktest Du schon die Lider
Wenn Du »weiter« riefst.
Bis ich auf einmal Tränen sah
Ungetrocknet
In Augen die nun wieder auf uns schauten.
Woher die Tränen?
Du sagtest, daß Du weintest über uns.
Vielleicht – über Deine Träume,
Darüber, daß Du neunzehn bist
Und Deine Welt
Stolzer Einbildungen
In der Hölle liegt.

[Ravensbrück, Frühling 1943]

Maria Rutkowska

Moje ręce

Szatańską melodię niech grają maszyny,
niech świdry zatańczą ze świstem,
niech moce piekielne w te czarne godziny
śmierć sobie gotują i zemstę!
  Ręce, ach moje ręce,
  piekłu odrzućcie swój plon,
  niech wyją maszyny oplute mym znojem –
  na zgon, na katów zgon!

W dni długie i noce dźwigane bezsennie
żyjemy bez prawa istnienia,
lecz ręce spętane – prowadzą tajemnie,
prowadzą swe dzieło zniszczenia.
  Ręce, ach moje ręce,
  mordercom składacie swój plon!
  Niech wyją maszyny oplute mym znojem –
  na zgon, na katów zgon!

Niech skrzydła ich próżno chcą wzbić się od ziemi,
niech zgasną motory przed lotem,
a jeśli wyruszą, myśl zdradna za nimi
niech w otchłań ich zwala pokotem.
  Ręce, ach moje ręce,
  piekłu odrzućcie swój plon!
  Niech wyją maszyny oplute mym znojem –
  na zgon, na zbrodni zgon!

[Neubrandenburg 1943]

Maria Rutkowska
Meine Hände

Spielt auf ihr Maschinen, das teuflische Lied
Ihr Bohrer tanzt los unter Pfiffen,
Ihr Mächte der Hölle, tötet und rächt
Euch selber in diesen schwarzen Stunden.
  Hände, ach meine Hände
  Werft ihre Ernte der Hölle zurück!
  Solln die Maschinen heulen, von meinem Schweiß bespien –
  zum Tod, zum Tod der Henker!

In lange Tage und Nächte geschleppt
Leben wir hier ohne Recht auf Dasein,
Doch die gefesselten Hände tun heimlich
Tun heimlich ihr Werk der Vernichtung.
  Hände, ach meine Hände
  Bereitet den Mördern die Ernte!
  Solln die Maschinen heulen, von meinem Schweiß bespien –
  Zum Tod, zum Tod der Henker!

Vergebens sollen die Flügel vom Boden abheben,
Absterben noch vor dem Flug die Motoren,
Und fliegen sie dennoch, so soll mein Verrat
Hinab in den Abgrund sie stürzen.
  Hände, ach meine Hände
  Werft ihre Ernte der Hölle zurück!
  Solln die Maschinen heulen, von meinem Schweiß bespien –
  Zum Tod, zum Tod der Henker!

[Neubrandenburg 1943]

Maria Rutkowska
Alarm

To alarm! Zbudź się! To lepsze od snu,
Słyszysz? Sto syren w mrokach nocnych wyje,
A tysiąc skrzydeł gdzieś o gwiazdy bije.
Wiatr ustał, jakby w piersiach zbrakło tchu
Struchlałej nocy.
Ha, lecą, lecą! Pieśń straszliwej mocy
Pod stropem nieba wolno się przewala,
Sam Bóg-ukryty, hen, w niewidnych dalach
Słucha, w milczeniu wszechmocy zastygły,
Bóg, ziemia i my...

Lecą, wciąż lecą, ziemia ciągle łka,
W spazmie przelęku, ratunku żebrząca,
A śmierć po gwiazdach, jak morze sunące,
Rytmem motorów hymn okrutny gra
Jak nad Warszawą.
Lecz dziś gdzie indziej spłacisz swój dług krwawo,
Ziemio płacząca. Nic ci nie pomoże,
Darmo krzyk strachu posyłasz w przestworze,
Drżysz. W rosach zimnych pot ciało twe sperlił,
Lecą na Berlin!

Siostry, słyszycie ten huczący lot?
Groby na piaskach cicho się otwarły,
Przyjdźcież do żywych najświętsze z umarłych
Połączmy dłonie w jeden mocny splot
Do nocnej drogi.
Wstańcie, pójdziemy szlakiem wielkiej trwogi,
Lecącej śmierci będziem drogowskazem

Maria Rutkowska
Alarm

Alarm! Wach auf! Anstatt zu schlafen
Hoch! Hundert Sirenen heulen im Dunkel der Nacht,
Tausend Flügel schlagen dort an die Sterne.
Der Wind verstummt, als hätt's verschlagen
den Atem der erschrocknen Welt.
Ha, sie fliegen, langsam erstickt unterm Himmel
der Gesang der Schreckensmacht.
Gott selbst – verborgen, ach, in unsichtbaren Fernen
Lauscht, in allmächtigem Schweigen erstarrt,
Gott, Welt und wir.

Sie fliegen, fliegen… es schluchzt die Welt
In des Erschreckens Zuckung Rettung sich erbettelnd,
Und der Tod, ein wogendes Meer in den Sternen,
Spielt im Rhythmus der Motoren die schreckliche Hymne
Wie über Warschau…
Doch heute bezahlst du deine Schuld woanders, blutige,
Weinende Erde. Nichts hilft dir mehr.
Vergebens sendest du in den Raum den Angstschrei.
Zitterst. Schweißperlen kalten Taus auf deinem Körper.
Sie fliegen nach Berlin!

Schwestern, hört ihr die Flieger heulen?
Leis haben die Gräber im Sand sich geöffnet,
Das Heiligste der Toten kommt zu den Lebenden,
Reicht euch die Hände zu einer mächtigen Kette
Für den nächtlichen Weg.
Steht auf, seid auf dem Pfad der großen Angst
Wegweiser dem fliegenden Tod.

I choćby nocą przyszło spłonąć razem
Krwią żywą spłyniem w serca srebrnych maszyn
W moc ptaków naszych.
To alarm, zbudź się, to lepsze od snu!

[Ravensbrück, März 1943]

Und sollten wir alle auch heut noch verbrennen,
Fließt doch lebendiges Blut ins Herz unserer silbernen Vögel
Zu ihrer Stärkung.
Alarm! Wach auf! Anstatt zu schlafen
Horch!

[Geschrieben beim ersten
Überfliegen von Ravensbrück durch die
Alliierten im März 1943]

Maria Rutkowska

Nic nie wiem

Nic dziś nie wiem. Ni to wiem, gdzie teraz jesteście,
Ani wiem, jakie niebo schyla się nad Wami,
A ciągle słyszę jęki w drzew moich szeleście
I ciągle krew mam w oczach, co drogę Wam plami.

Nocami sny przychodzą – obłędne widziadła,
Z których rankiem zostaje samo brzemię grozy.
To myśl Wasza ciężarem swym na mnie tak spadła,
Jakby mi kto do piersi Wasze serca włożył.

Nic już nie wiem, a jedno coraz mocniej czuję,
Że całą mnie opętał niepokój dni Waszych
I sama jak cień błędny w mgle myśli się snuję,
Nie mogąc Was usłyszeć poprzez huk moich maszyn.

Nie wiem… może idziecie zburzoną ulicą –
Nowym Światem lub Hożą, w dymach, od ran słabi,
A może tylko ptaki nad głową Wam krzyczą
Gdzieś w polu, które ogień doszczętnie ograbił.

Nic nie wiem. A wciąż słyszę w drzew tutaj szeleście
Czyjeś jęki i łkanie ciche, jak płacz dziecka.
Lecz już tu się nie dowiem, czy żywi jesteście
I czyja znów gna Was kula – ruska czy niemiecka?

[Kommando Waldbau, 1944]

Maria Rutkowska
Nichts weiß ich heut

Nichts weiß ich heut. Ich weiß nicht, wo Ihr jetzt gerade seid,
Noch weiß ich, welcher Himmel über Euch sich neigt,
Doch klingt das Rauschen meiner Bäume wie ein Stöhnen
Und immer hab ich Blut vor Augen, Euren Weg befleckend.

Nachts kommen Träume – trügerische Wahngebilde,
Von denen morgens nur des Schreckens Bürde bleibt.
In ihrer ganzen Schwere ist Eure Idee auf mich gefallen – so
Als hätte jemand mir Eure Herzen in die Brust gelegt.

Noch weiß ich nichts, nur eines fühl ich immer stärker,
Daß mich die Unruh Eurer Tage voll ergriffen hat
Daß selber irrlichternd im Nebel ich Gedanken spinne,
Und kann Euch doch nicht hören im Geheule der Maschinen.

Ich weiß nicht... geht Ihr durch zerstörte Straßen,
den »Nowy Świat«* oder die »Hoża« *, im Qualm, geschwächt
von Wunden
Vielleicht, daß auch nur Vögel über Eurem Kopfe schreien,
Im Felde irgendwo, welches das Feuer gleichsam umgepflügt.

Nichts weiß ich. Und immer hör ich hier im Baumesrauschen
Jemanden jammern, leise schluchzen, weinen wie ein Kind.
Doch werd ich hier nicht mehr erfahren, ob Ihr noch lebt
Und wessen Kugel Euch jetzt jagt – die russische oder die
deutsche?

[Kommando Waldbau, Filiale von Ravensbrück – geschrieben im September 1944 nach der ersten Nachricht vom Warschauer Aufstand]

* »Nowy Świat« und »Hoża« sind Geschäftsstraßen in Warschau

Maria Rutkowska
Życie

Mówiłyśmy kiedyś o sprawach nieba,
Krążąc pośród galaktyk
I mierząc ogromy słońca.
A obok – przystąpiono do podziału chleba,
Powstał krzyk
I zagłuszyła nas kłótnia niemilknąca,
Bo chciwe ręce
Chciały mieć jaknajwięcej
I szukały w porcjach chlebowych
Różnic milimetrowych.

[Ravensbrück, Winter 1944 / 1945]

Maria Rutkowska
Leben

Einmal sprachen wir über himmlische Dinge,
Kreisten durch Galaxien
Maßen die Sonne aus.
Und nebenan – in der Schlange der Brotausgabe
Gab's ein Geschrei
Betäubendes nicht verstummendes Zanken,
Denn gierige Hände
Wollten so viel wie nur möglich –
Suchten die Brotrationen
nach Millimetern aus.

[Ravensbrück, Winter 1944/1945]

Aleksander Szymkiewicz
Depresja

Z rozbitych dzbanów wyleje się wino,
wyżłopie je ziemia ustami czarnymi;
w rozdartych żaglach nadzieje poginą,
nie będzie powitań na lądzie z bliskimi.

Precz mi z baśniami! Was odtrącam także,
coście mi młodość złudą piękną struli.
Przyjdźcie, poeci, pomóżcie mi w lagrze
wszy iskać w brudnych łachmanach koszuli.

[Dachau 1943]

Aleksander Szymkiewicz
Depression

Aus zerborstenen Krügen seh Wein ich fließen,
die Erde ihn schlürfen mit schwarzen Lippen;
Hoffnung an Fetzen von Segeln sich brechen
doch nie mehr die Heimat und meine Lieben.

Weg mit den Märchen! Auch euch stoß ich fort,
habt mir die Jugend vergiftet mit schönem Trug.
Kommt, ihr Dichter, helft mir suchen
Läuse in meinen schmutzigen Lumpen.

[Dachau 1943]

Włodzimierz Wnuk
Żywe kamienie

Jesteśmy jak żywe kamienie,
twarde, niezłomne głazy;
nie spalą nas żadne płomienie,
słońce nie czyni skazy.

Jesteśmy jak żywe kamienie,
samotne, bezdomne skały;
rzeźbiły nas zimne strumienie
i żarem ziejące upały.

Jesteśmy jak żywe kamienie
w sercu szatańskich piramid.
W swym łonie, jak żywe nasienie,
pieścimy zabójczy dynamit.

Jesteśmy jak żywe kamienie,
rzucone w przepaść bezdenną,
w których goreje marzenie,
że stworzą górę płomienną.

Musik: Aleksander Kulisiewicz, 1943
[Mauthausen 1940]

Włodzimierz Wnuk

Die lebenden Steine

Wir sind die lebenden Steine,
harte und nackte Felsen.
Wir schwitzen bei Sonne und Schlägen,
im Steinbruch Mauthausen-Gusen.

Wir sind die lebenden Steine,
obdachlose Steine.
Uns küssen keine Flüsse,
uns tötet die mörderische Hitze.

Wir sind die lebenden Steine,
im Schatten der Teufelsfahne.
Im Herzen schwelt die Lunte
und täglich mehr Dynamit.

Wir sind die lebenden Steine,
aus der Tiefe der Hölle.
Wir Sklaven, müssen doch glauben
an Menschen,
Menschen
und Liebe.

Musik: Aleksander Kulisiewicz, 1943
[Mauthausen 1940]

Einen Schmetterling hab ich hier nicht gesehn
[Tschechische Texte]

Pavel Friedmann
Motýl

Ten poslední,
ten zcela poslední
ten sytě hořce oslnivě žlutý
jako kdyby slunce slzou zazvonilo o bílý kámen,
taková byla ta žluť.
Vznášel se lehce tak do vysoka,
šel jistě,
jistě chtěl polibít svět můj poslední.

Na sedmý týden tu žiji
ghettoisiert
mí mi tu našli
pampelišku, tu na mne volají
i bílou větev v dvoře kaštanu.
Motýla však tu nevidět.
Motýli tady nežijí
v ghettu.

[Theresienstadt, 4. Juni 1942]

Pavel Friedmann
Der Schmetterling

Der letzte war's der aller allerletzte
der satt und bitter blendend grelle
 vielleicht wenn eine Sonnenträne irgendwo auf weißem Stein
 erklingt

so war das Gelb
und trug sich schwebend in die Höhe
er stieg gewiß gewiß wollt' küssen er dort meine letzte Welt

und sieben Wochen leb ich da
gettoisiert
hier fanden mich die Meinen
mich ruft der Löwenzahn
und auch der weiße Zweig im Hof auf der Kastanie
 doch einen Schmetterling hab ich hier nicht gesehn

das war gewiß der allerletzte
denn Schmetterlinge leben nicht
im Getto.

[Theresienstadt, 4. Juni 1942]

Dagmar Hilarová
Máj 1945

Byl máj
a všechno kvetlo do něho
Modrá vřeténka bezů
odvíjela vůni
prudce se táhla do kraje
A každý hmatal volnost
jako slepec tvář druhého
která mu drahá je

Byl máj
Haluze rozvěsily
praporky svých květů
opilé včely hledaly svůj úl
Ta hořká léta přešla
Jarní vítr
poslední bolest
z hrudi vyvanul

Byl máj
a všechno kvetlo do svobody

[Theresienstadt]

Dagmar Hilarová

Mai 1945

Es war Mai.
Und alle Blüten erschlossen sich ihm:
Blaue Fliederspindeln
Spulten ihren Duft ab.

Schwer wallte er über das Land.
Und jeder konnte die Freiheit greifen
Wie ein Blinder
Das Antlitz eines Menschen,
Der ihm teuer ist.

Es war Mai.
Zweige hatten Flaggen gehißt
Aus Blüten.
Trunkene Bienen suchten ihren Stock.
Die bitteren Jahre waren vorbei.
Frühlingswind
Verwehte letzten Schmerz
Aus der Brust.
Es war Mai
Und alles erblühte zur Freiheit.

[Theresienstadt]

Mif

Terezín

Kola nejtěžší jedou nám přes čela
a boří se až někam pod pamětí

My jsme zde stáli víc než dost
na tomto roji potupy
jez chtěla dobová páska slepců
učinit důkazem pro svoje vlastní děti

Tři roky čekání jak ptáci nad bažinou
z niž již již musí pramen vyrazit
Zatím se řeky valí cestou jinou jinou
a nedají ti mřít a nedají ti žít

A děla nekřičí a pušky necvakají
a krev zde nevidíš
Nic jenom tichý hlad

Děti zde kradou chléb a pořád se jen ptají
a všem se chce zde spát z mlčet a jen spát...

Nám jedou přes čela ta kola nejtěžší
a boří se až někam do duší

To léta nezavanou...

[Theresienstadt 1944]

Mif
Theresienstadt

Die allerschwersten Räder fahren über unsre Stirn
und bohren sich dort ein tief tief in das Gehirn

hier
standen wir mehr als genug
in jenem Schwarm der Schmach
die
eine Binde für Blinde
ihren Kindern geben wollte zum Beweis.

Das vierte Jahr des Wartens wie die Wartezeit an einem Sumpf
ob seine Quellen endlich Wasser geben

indes sinnlos und stumpf
die Ströme einen andern
andern
Weg sich wählen aus zu wandern
und lassen dich nicht sterben und nicht leben

Kanonen brüllen nicht und still sind die Gewehre
hier fließt kein Blut
und nur der Hunger tanzt hier seinen stummen Reigen

Kinder stehlen Brot und stellen Fragen lastend schwere…
und alle möchten schlafen schlafen schweigen…

die allerschwersten Räder fahren über unsre Stirn
sie schnüren zu die Kehle
und bohren sich uns tief in die Seele

das können Jahre nicht verwehn…

[Theresienstadt 1944]

Mif

Koncert na půdě staré školy

Bílé prsty kostelníka tvrdě na nás spí
Půl století
již nikdo tento klavír tolik nestiskl
ať se tak rozezní
jak musel včera

Přízraky rukou jez tlukou tiše anebo velmi nahlas
Čelo toho muže bylo těžké jak nebe před deštěm
A péra
pod tíhou nadšení opomenuly skřípat
Půl století už nikdo tento klavír tolik nestiskl

Náš dobrý přítel čas
se ze vsech ciferníků vyprázdnil jak včela
která již dosti dlouho žila
a dosti medu měla
a by teď uschla někde na slunci

Pod zavřenýma očima vždy jiný člověk sedí
pod zavrenýma očima se na klávesy hledí
jak na žíly z nichž teče měkká krev
když políbíš je nožem a priložíš k nim zpěv
A onen muž včera přeřízl všechny žíly
otevřel všechny píšťaly varhan
podplatil všechny ptáky aby zpívali
a aby zpívali

Mif
Dachbodenkonzert in einer alten Schule

Des Kirchendieners bleiche Finger schließen hart uns ein
und durch ein halb Jahrhundert
hat nie noch das Klavier dort solchen Druck gekannt
als gestern da es tönen mußte
Schauermäre.

Wenn von Händen zwischen Wänden leise oder laute Schläge
tönen
des Mannes Stirn war schwer wie vor dem Regen über uns das
Wolkenmeer.
Die Federn
haben vor Begeisterung zu kreischen selbst vergessen
und durch ein halb Jahrhundert hat dieses Klavier nicht solchen
Druck gekannt

Der gute Freund genannt die Zeit
ist allen Zifferblättern nun entwichen
der Biene gleich
die schon genug gelebt
die schon genug an Honig aufgespeichert
und in der Sonne sich zu trocknen hingelegt.

Dort mit geschlossenen Augen wachen Menschen die nicht rasten
dort mit geschlossenen Augen blickt ein jeder nach den Tasten
wie auf die Ader welcher weich das Blut entfließt
wenn du ein Lied ihr bringst und sie dein Messer küßt
Und jener Mensch hat alle Adern nachts geöffnet
hat alle Orgelpfeifen aufgemacht
bestochen hat er alle Vögel um zu singen
zu singen

i když tvrdé prsty kostelníka tvrdě na nás spí
Skloněný nad svůj způsob smrti jsi jako Beethoven
Tvé čelo bylo těžké jak nebe pred deštěm

[Theresienstadt]

auch wenn des Küsters harte Finger uns umschlingen
Und über deinen Tod neigst du das Haupt wie einst Beethoven
und deine Stirn war schwer wie vor dem Regen über uns das
Wolkenmeer.

Es spielte Gideon Klein

[Theresienstadt]

Jiří Stein

Dopis

Má drahá poslal jsem vám list
zlý vítr z něho vyvál sladká slova
jen slzy psala duše básníkova
a vy je neumíte číst

Není tu chléb a děti chtějí jíst
a mrtví kteří prchli ze hřbitova
po ztichlých koutech umírají znova
v pohaslých očích strach a nenávist

Dnes drsný severák mi zmátl rým
že místo o lásce vám zpívám o bezmoci
na bílý dopis písmem krvavým

Dnes chtěl jsem víno – pelyněk mě zpil
dnes horký plamen šlehl černou nocí
dnes místo loutny nůž jsem uchopil

[Theresienstadt]

Jiří Stein

Der Brief

Meine Teure ich schicke Ihnen ein Schreiben
ein böser Wind fegte die süßen Worte aus ihm
nur Tränen schrieb des Dichters Seele
und sie sind nicht fähig zu lesen

Es ist kein Brot da und die Kinder wollen essen
und die Toten die vom Friedhof flüchteten
in stillen Ecken sterben wieder
in erloschenen Augen Angst und Haß

Heute verwirrte ein rauher Nordwind meine Reime
daß ich statt von Liebe Ihnen von Machtlosigkeit singe
auf weißem Papier in blutiger Schrift

Heute wollte ich Wein – Beifuß hat mich berauscht
heute stach eine glühende Flamme in die Schwarze Nacht
heute habe ich statt der Laute das Messer erfaßt

[Theresienstadt]

Jiří Stein
Městu

Mé město žebráků schoulených u portálů
s dvojicí štíhlých věží nad vonící strání
mé město s hrobkou dávno mrtvých
králů
mé město rouhání i zbožně spjatých
dlaní
Mé město spíš?

Mé město uliček, v nichž noci zlato lijí
mé město arkýřů a rozložitých bání
jež večer barví kouzlem něžných
alchymií
mé město těžkých věků jdoucích bez
ustáni
Mé město spiš?

Mé město splavů šumících u ztichlých
mlýnů
mé město bilých říms a pročernalých
tání
rafijí orloje a zkrvavených stínů
mé město zvonů zvon – – zvon už
nevyzvání
mé město spí.

[Theresienstadt]

Jiří Stein
An die Stadt

Meine Stadt der Bettler die an den
Portalen kauern
mit zwei schlanken Türmen über
dem duftenden Hang
meine Stadt mit dem Grabmal längst
toter Könige
meine Stadt des Lästerers und fromm
gefalteter Hände
Meine Stadt schläfst du?

Meine Stadt der Gassen in die die
Nacht Gold gießt
meine Stadt der Erker und breiter
Kuppeln
die der Abend im Zauber der zarten
Alchimie färbt
meine Stadt schwerer Alter die ohne
Rast schreiten
Meine Stadt schläfst du?

Meine Stadt der Wehre die an
verstummten Mühlen rauschen
meine Stadt der weißen Zinnen
und schwärzlichen Tauens
der Zeiger der Altstädter Turmuhr
und blutiger Schatten
meine Stadt der Glocken Glocken –
die Glocke läutet nicht mehr
meine Stadt schläft.

[Theresienstadt]

Hermann Adler. Geboren in Diosek bei Preßburg am 2. 10. 1911. Aufgewachsen in Nürnberg, Lehrer für Schwererziehbare in Schlesien. 1940 kam er ins Wilnaer Ghetto, wurde Mitkämpfer beim Warschauer Ghettoaufstand. 1945 wurde er aus dem KZ Bergen-Belsen befreit. Lebt heute als freier Schriftsteller in Basel.

»... Liebe den Nächsten wie dich!«, geschrieben 1942 im Wilnaer Ghetto.

Hermann Adler befand sich mit seiner Frau in dem im Gedicht beschriebenen Versteck im Wilnaer Ghetto; beide waren mit der unglücklichen Mutter, die ihr Kind opferte, bekannt.

Was geschieht, heißt bald – Legende!, geschrieben 1943 im Warschauer Ghetto.

Adler war mit seiner Frau aus Wilna geflohen, beide waren nun im Warschauer Ghetto. Adler schrieb dieses Gedicht nach dem Bericht eines Ghettohäftlings, dem es gelungen war, aus dem Vernichtungslager Treblinka zu entkommen. Da er ohne Papiere war, mußte er notgedrungen wieder ins Warschauer Ghetto zurück. Adler schreibt dazu: »Es stimmt übrigens nicht, daß in Treblinka die Leichen auf Rollband ins Feuer gebracht wurden. Eher auf Wahrscheinlichkeit beruht die Aussage, daß die Todesschreie der Opfer in den Gasbaracken mitunter von Blechmusik übertönt wurden. In Auschwitz war es sicher so.

Richtig ist die Angabe, daß die Häftlinge nach ihrer Ankunft in Treblinka fast verdurstet waren. Wenn sie um Wasser bettelten, wurden sie, wie ich auch von anderen hörte, auf die Latrinengrube verwiesen.«

Beide aus: Hermann Adler, *Gesänge aus der Stadt des Todes.* Zürich, New York, Oprecht 1951, S. 17 und 56.

Die *Gesänge aus der Stadt des Todes* sind dem deutschen Feldwebel Anton Schmidt gewidmet. Mit seiner Hilfe konnten Adler und seine Frau etwa 350 Jugendliche vor dem sicheren Tod retten.

H. G. Adler. Geboren am 2.7.1910 in Prag. Studium der Musik- und Literaturwissenschaft. 1935 bis 1938 Sekretär einer Volkshochschule. 1941 bis 1945 inhaftiert u.a. in Theresienstadt, Auschwitz, Langenstein-Zwieberge bei Halberstadt. Lebte ab 1947 in London als freier Schriftsteller. Starb 1988.

Nachtgesang unter der Erde, geschrieben 1945 im KZ Langenstein.
Aus: Manfred Schlösser (Hg.), *An den Wind geschrieben.* Darmstadt 1960, S. 164.

Rosebery d'Arguto. Wurde 1890 in Nordpolen geboren. Er emigrierte zuerst nach Österreich, später ging er nach Berlin. War Gesangspädagoge, leitete den Neuköllner Arbeiterchor, war Spezialist für Kinderchöre. 1939 kam er mit einem Transport von 900 Juden ins KZ Sachsenhausen. Dort gründete er einen illegalen jüdischen Lagerchor mit ca. 25 Häftlingen. 1942 wurde er mit dem ganzen Chor nach Auschwitz gebracht und dort vergast.

Jüdischer Todessang, Bearbeitung des traditionellen jiddischen Liedes ›tsen brider‹, entstanden 1942 im KZ Sachsenhausen.
Aus: Archiv Aleksander Kulisiewicz, Kraków.

Der *Jüdische Todessang* ist eine Bearbeitung des jiddischen Volksliedes ›tsen brider‹. D'Arguto verfaßte das Lied in deutscher Sprache, damit die Mehrheit der Häftlinge den Inhalt verstehen konnte. Die Vision des Todes in der Gaskammer wird eindringlich durch verschiedene Stimmen wiedergegeben. Bässe als Todeswarnung, das li-laj der Kinderstimmen als Ausdruck der Lebensfreude – und mitten hinein der Aufschrei »müssen wir ins Gas!«. Aleksander Kulisiewicz berichtet von der letzten Probe des Chores: »Im Block 38 waren die Türen und Fenster mit Decken verhängt, wie bei einem Fliegeralarm. Hier probte d'Argutos Chor. Plötzlich stürmten SS-Männer unter dem Geschrei ›Alles raus‹ in den Raum und trieben den Komponisten und die singenden Häftlinge auf den Appellplatz. Dort mußten sie die ganze Nacht SS-Torturen über sich ergehen lassen und sangen verfroren und halbnackt immer wieder wie im Wahn ›li-laj – li-laj-li!‹«

Rivka Basman. Sie stammte aus Wilna. Mit 15 Jahren kam sie vom Wilnaer Ghetto ins Lager Kaiserwald. Sie überlebte.

Di eibike trep (Die ewige Trepp'), entstanden im Lager Kaiserwald.

Aus: Szmerke Kaczerginski, *Lider fun getos un lagern*. New York 1948, S. 230. Übersetzung: E. Lau und S. Pampuch.

Kaczerginski wurde der Text durch den Anwalt R. Gilels übermittelt, der im Wilnaer Ghetto und später in fünf weiteren Lagern war. Im Lager Kaiserwald bei Riga mußte Rivka Basman zusammen mit anderen jüdischen Frauen die Treppen reinigen.

Wer zenen mir? (Wer sind wir schon?), entstanden im Lager Kaiserwald.

Aus: Szmerke Kaczerginski, a. a. O., S. 231. Übersetzung: E. Lau und S. Pampuch.

Ilse Blumenthal-Weiss. Geboren am 14. 10. 1899 in Berlin-Schöneberg. Ausbildung als Sportlehrerin. 1920 Heirat mit Dr. Herbert Blumenthal. 1921 bis 1925 Briefwechsel mit R. M. Rilke. 1937 Exil in den Niederlanden. Ihr Mann wurde in Auschwitz vergast, ihr Sohn in Mauthausen ermordet. Seit April 1943 in den Lagern Westerborg und Theresienstadt. Sie überlebte.

Für Peter David Blumenthal, geschrieben 1945 in Theresienstadt.

Häftlinge, geschrieben 1945 in Theresienstadt.

Beide aus: Ilse Blumenthal-Weiss, *Mahnmal. Gedichte aus dem KZ*. Mainz 1960.

Jerzy Adam Brandhuber. Geboren am 23. 10. 1897 in Kraków. Maler. Als Student Frontkämpfer im 1. Weltkrieg. Verhaftet im Januar 1943. Er war bis Oktober 1944 in Auschwitz (Häftlingsnummer 87 112), kam dann nach Sachsenhausen und wurde am 3. 5. 1945 auf einem Transport in der Nähe von Schwerin befreit.

Er kehrte nach dem Krieg nach Auschwitz zurück und wirkte dort jahrzehntelang als Kustos des Museums. Dort entstanden Zyklen wie ›Auschwitz‹, ›Rampe‹, ›Birkenau‹. Er starb am 19.6.1981.

[S. 122] *Przyjęcie do szpitalu (Ankunft im Revier)* aus dem Zyklus I ›Auschwitz‹.
Entstanden 1946 in Auschwitz. Papier, Kohle, 54 × 36 cm.
Aus: Staatliches Museum Auschwitz, Archiv.

Teresa Bromowiczowa. Biographische Daten waren nicht zu ermitteln.

Apel (Appell), geschrieben 1945 in Ravensbrück.
Aus: Wanda Kiedrzyńska u. a., *Ravensbrück. Wiersze obozowe.* Warszawa 1961, S. 137. Übersetzung: S. Pampuch.

Anna Burdówna. In den 40er Jahren war sie inhaftiert in Ravensbrück. Dort war sie mit den Lagerdichterinnen Górska-Romanowiczowa und Rutkowska bekannt. Nach dem Krieg arbeitete sie als Lehrerin in Łódź.

Lagrówka (Lagerliedchen), entstanden 1941 im KZ Ravensbrück. Die Musik ist von Josef Lammer.
Aus: Archiv Aleksander Kulisiewicz, Kraków. Übersetzung: S. Pampuch.

Kommentar zu dem Lied *Lagrówka* von Anna Burdówna aus ihrem Brief vom 23.10.1981: »Dies Lied dichtete ich meiner Freundin, Maria Szymczak, zu ihrem Namenstag am 8.9.1940. Es war im Takt eines bekannten Walzers. Der Walzer war das erste satirische Lied im KZ, in dem sich zu dieser Zeit über 4000 weibliche Häftlinge befanden (insgesamt waren ca. 130000 Frauen in Ravensbrück). Das Lied war einfach, es gefiel allen. Nach einiger Zeit fand die Aufseherin bei einer von den Frauen einen Zettel mit vier Strophen des Gedichtes. Natürlich bekam sie Prügel, obwohl sie sagte, daß sie den Zettel auf der Lagerstraße gefunden hätte. Die Aufseherin forderte, daß sie die Autorin der ›Dummheiten‹ zeigen sollte. Keine der Frauen sagte ein Wort gegen mich, obwohl dem ganzen polnischen Block Strafe drohte.

Ich wollte schon die Wahrheit sagen, aber unsere Stubenälteste Frau Halina Bolt verbat es mir. Am Sonntag bekam der 15. Block (Polen) kein Mittagessen. Ich fühlte mich schrecklich. Frau Bolt suggerierte der Aufseherin, das Lied habe eine Marie Przybylska aus Poznań geschrieben, die im Bunker den Tod gefunden hatte. Das Argument überzeugte die Aufseherin, und damit war die ganze verrückte Geschichte zu Ende.«

Charlotte Delbo. Geboren am 10.8.1913 in Vigneux sur Seine. 1934 Heirat mit dem Journalisten Georges Dudach, beide waren aktiv in der Résistance in der Gruppe um den Philosophen Georges Politzer tätig. Verhaftung am 2.3.1942. G. Dudach wird noch im Mai 1942 erschossen. Ch. Delbo kommt am 27.1.1943 in einem Transport mit 230 anderen Frauen nach Auschwitz. Sie überlebte. Nach dem Krieg arbeitete sie für die Vereinten Nationen, in den 60er Jahren war sie Assistentin des Philosophen Henri Lefebvre. Sie starb am 1.3.1985 in Paris.

Essayez de regarder, essayez pour voir (Versucht hinzuschauen, versucht zu sehen).
Aus: Henri Pouzol, *La poésie concentrationnaire, Visage de l'homme dans les camps hitlériens 1940–1945*. Paris 1975, S. 51. Übersetzung: S. Pampuch.

Joseph Drexel. Geboren am 6.6.1896 in München. Studium in München bei Max Weber. Promotion 1920. Tätigkeit im Auswärtigen Amt und Mitarbeit in Zeitschriften wie ›Der Widerstand‹, ›Die Entscheidung‹, ›Neue Rundschau‹. Seit 1930 Leiter der Deutschen Widerstandsbewegung in Bayern. 1937 bis 1939 Inhaftierung im Gefängnis Moabit. 1939 zu Zuchthaus verurteilt. 1941 Ausweisung aus Bayern. Nach dem 20. Juli 1944 Einweisung ins KZ Mauthausen. Von dort später Überweisung ins KZ Flossenbürg. Nach 1945 wurde er Chefredakteur der ›Nürnberger Nachrichten‹.

Krieg, geschrieben 1944 in Mauthausen.
Aus: Gunter Groll (Hg.), *De profundis. Deutsche Lyrik in dieser Zeit. Eine Anthologie aus zwölf Jahren*. München 1946, S. 90.

Zbigniew Dłubak. Geboren am 26.4.1921 in Radom. Aktiv in verschiedenen Widerstandsgruppen, Verhaftung beim Warschauer Aufstand. Kam nach Auschwitz, dann nach Mauthausen (Häftlingsnummer 102480). Erkrankte schwer, fing im Revier an zu malen (Portraits, Aquarelle, Gouachen). Befreit am 5.5.1945. Rückkehr nach Warschau. Wandte sich neben der Malerei der künstlerischen Fotografie zu, war Chefredakteur der Zeitschrift ›Fotografie‹, Dozent an der Theater- und Filmakademie Łódź. Er lebt seit 1982 in Frankreich.

[S.104] *Portret kolegi (Portrait eines Kollegen)*, entstanden 1945 in Mauthausen, Aquarell, 20,5 × 14,5 cm.
Aus: Janina Jaworska, *Nie wszystek umrę*... Warszawa 1975.

Fania Fénélon. Geboren in Paris als Fany Goldstein, studierte in den 20er Jahren am Konservatorium in Paris Klavier und Gesang. In den 30er Jahren trat sie mit eigenen Chansons in Kabaretts auf. Sie war seit 1940 im Widerstand, sang in Nachtbars für deutsche Offiziere und sammelte Informationen von der Front. Aufgrund einer Denunzierung wurde sie verhaftet und kam im Januar 1944 nach Auschwitz. Dort sang sie im Frauenorchester des Lagers Birkenau. 1945 wurde sie in Bergen-Belsen befreit.

Nach dem Krieg hatte sie weltweit Engagements und arbeitete in den 60er Jahren als Gesangspädagogin in der DDR. Berühmt wurde sie durch ihr Erinnerungsbuch *Das Mädchenorchester von Auschwitz*, das später verfilmt wurde. Sie starb am 19.12.1983 in Paris.

Dans le désert glacé (In der eisigen Wüste), entstanden in Auschwitz-Birkenau. Text: Fania Fénélon. Musik: Pierre Olivier. Übersetzung: S. Pampuch.
Bombardiers (Bomber), entstanden in Bergen-Belsen. Übersetzung: S. Pampuch.
Beide aus: Arbeiterlied-Archiv, Berlin.

Pavel Friedmann. Geboren in Prag am 7. 1. 1921. Am 26. 4. 1942 nach Theresienstadt deportiert und am 29. 9. 1944 in Auschwitz ermordet.

Motýl (Der Schmetterling), geschrieben 1942 in Theresienstadt.
Aus: *Kinderzeichnungen und Gedichte aus Theresienstadt 1942–1944*. Praha 1959, S. 33.
Deutsch von Otto Kalina.

Hirsch Glik. Geboren 1922 in Wilna. Dichter. Er schrieb zunächst hebräisch, später jiddisch. 1943 kam er ins Wilnaer Ghetto, wo er sich den Partisanen anschloß. Verhaftung durch die Gestapo, kam ins Lager Klooga (Estland). Wurde 1944 auf der Flucht erschossen.
Von H. Glik stammt das berühmte Partisanenlied ›sog nit kejnmol, az du gejst dem letstn weg‹, das 1943 im Wilnaer Ghetto entstand.

Lomir schwajgn (Laßt uns schweigen), entstanden im Lager Klooga, Estland.
Aus: Szmerke Kaczerginski, a. a. O., S. 248 f. Übersetzung: E. Lau und S. Pampuch.

Zofia Górska-Romanowiczowa. Geboren am 19. 10. 1921 in Radom. Dort wurde sie 1941 verhaftet, war längere Zeit in Gefängnissen und kam im Frühling 1942 nach Ravensbrück. 1944 wurde sie in ein Fabrikkommando in der Nähe von Karlsbad verlegt, wo sie bis zur Befreiung in einer Porzellanfabrik arbeitete. Nach dem Krieg studierte sie an der Sorbonne Romanistik. Sie blieb in Paris. Im Gefängnis begann sie mit dem Schreiben von Gedichten. Viele ihrer Arbeiten wurden in Emigrationszeitschriften, aber auch in Polen publiziert.

Do Ojca (Antigone), entstanden 1943 im KZ Ravensbrück.
Aus: Wanda Kiedrzyńska u. a., a. a. O. Übersetzung: S. Pampuch.

Hasso Grabner. Geboren 1911. Schriftsteller. Seit 1930 war er aktives Mitglied der KPD. 1933 schloß er sich dem Widerstand an. Er wurde verhaftet und kam zunächst ins Zuchthaus Waldheim/Sachsen. Von 1938 bis 1940 war er im KZ Buchenwald inhaftiert. Nach seiner Entlassung wurde er der Strafdivision 999 zugeteilt. Weitere Daten sind nicht bekannt.

Die Häftlingsnummer, entstanden 1938 im KZ Buchenwald.
Aus: Wolfgang Schneider, *Kunst hinter Stacheldraht. Ein Beitrag zur Geschichte des antifaschistischen Widerstandskampfes.* Leipzig 1976, S. 168.

Zofia Grochowalska-Abramowicz. Geburtsdatum nicht bekannt. Von 1940 bis 1942 war sie Gefangene in Ravensbrück. Im April 1942 kam sie nach Auschwitz, wo sie als Gärtnerin arbeitete. Bis Herbst 1943 blieb sie in Birkenau, dann in Rajsk. Im Januar 1945 schickte man sie wieder nach Ravensbrück. Sie trug die folgenden Nummern: 3499, 7943, 102146. In den Lagern schrieb sie Gedichte, Novellen, satirische Texte, Krippenspiele.
Sie stammte aus einer Gutsbesitzerfamilie, ihr Mann war Offizier bei der polnischen Armee. Er starb während des Massakers von Katyń. Nach dem Krieg heiratete sie dann Lucjan Abramowicz.

Harfy Birkenau (Harfen von Birkenau), entstanden 1944 im KZ Auschwitz-Birkenau.
Aus: Konrad Strzelewicz, *Polskie wiersze obozowe i więzienne 1939–1945* w Archiwum Aleksandra Kulisiewicza, Kraków, Krajowa Agencja Wydawnicza, 1984, S. 74 f. Übersetzung: S. Pampuch.

Maria Günzel. Geboren 23.3.1896 in Zwodau bei Falkenau. Fabrikarbeiterin. Ab 1910 Verband jugendlicher Arbeiter Österreichs. Dann Verkäuferin. 1918 bis 1927 Bezirksvorsitzende der sozialdemokratischen Frauen. Nach Besetzung des Sudetenlandes Verhaftung. Dann KZ Ravensbrück. Entlassung 1942. Am 1.12.1944 erneute Verhaftung. Sie überlebte.

Leid und Trost, geschrieben in Ravensbrück.
Aus: Maria Günzel, *Trost im Leid.* Stuttgart (Seliger Archiv) 1976, S. 11.

Gracjan Guziński. Er war inhaftiert im Konzentrationslager Mauthausen-Gusen. Weitere Daten konnten nicht ermittelt werden.

Capo-Foxtrott, entstanden 1943 in Mauthausen.

Aus: Archiv Aleksander Kulisiewicz, Kraków.

Gracjan Guziński wurde ebenso wie Tausende anderer Häftlinge in Gusen Tag für Tag mit ordinären Schimpfwörtern überschüttet. Vor seiner Aufnahme ins Lagerorchester war er ein »Muselmann«. Erst später, als er wieder zu Kräften kam und zu komponieren begann, machte er sich über die Vorarbeiter und SS-Männer lustig. Er schrieb für sie den Schlager ›Hau ab!‹, im Lager auch als ›Capo-Fox‹ bekannt. Das Lied gefiel allen, am meisten sogar den Capos selber. Es bereitete den Gefangenen nicht wenig Genugtuung, ihre Peiniger all jene Schimpfwörter singen zu hören, die sie sonst herausbrüllten. Und das Beste war: das alles diktierte ihnen ein polnischer Häftling. Władysław Gębik schreibt: »Der ›Capo-Fox‹ gefiel den Kollegen. Die Wörter, die sich sonst immer mit schrecklichen Erinnerungen verbanden, wie der Stock oder die Fußtritte der Capos, hörten auf, bedrohlich zu sein. Sie konnten ihn sogar vor sich hinsummen, was bei der leichten und packenden Melodie eine alltägliche Erscheinung wurde.« (Kommentar von Aleksander Kulisiewicz)

E. H. Weitere Daten sind nicht bekannt. Die Polin Lucyna Solka-Nowocka fand dieses Lied, das auf grünem Karton niedergeschrieben war, im Jahre 1945 auf dem Abfallhaufen in Ravensbrück.

»Es war kurz vor der Evakuierung vieler Frauen nach Schweden im April 1945 durch das internationale Rote Kreuz. Lucyna Solka-Nowocka brachte den Karton sofort in ein sicheres Versteck, da die Entdeckung solcher Schriftstücke immer zugleich ein Todesurteil war. Die Melodie des Liedes war im Zweiten Weltkrieg sehr populär.« (Kommentar von Aleksander Kulisiewicz nach einem Gespräch mit L. Solka-Nowocka am 7. 9. 1968 in Płock.)

Ich träume im Lager, entstanden 1945 im KZ Ravensbrück.

Aus: Archiv Aleksander Kulisiewicz, Kraków.

Franz Hackel. Geboren 1897. Wurde 1938 verhaftet, kam ins KZ Dachau. 1941 ins KZ Buchenwald verlegt. Dort blieb er bis zur Befreiung. Nach dem Krieg arbeitete er als freier Schriftsteller.
Buchenwald, geschrieben 1941 in Buchenwald.
Aus: Wolfgang Schneider (Hg.), a.a.O., S. 157.

Hermann Hakel. Geboren am 12.8.1911 in Wien. Dort besuchte er die Kunstgewerbeschule. Aufenthalte in Rumänien (1931), in Italien (1933) und Frankreich (1936). Ab 1938 Verfolgung und Verhaftung. 1939 floh er nach Italien, wo er in verschiedenen Campi Concentramenti inhaftiert war. Er überlebte.
Nebel, Entstehungsdaten sind leider unbekannt.
Aus: Heinz Seydel (Hg.), *Welch ein Wort in die Kälte gerufen.* Berlin 1968, S. 268.

Heinz Hentschke. Geboren 1904. Schriftsetzer. Wurde 1935 wegen Herstellung illegaler antifaschistischer Druckschriften zu acht Jahren Zuchthaus verurteilt. Als politischer Gefangener wurde er ins KZ Esterwegen und später nach Aschendorfermoor deportiert. 40 Monate war er in den Moorlagern inhaftiert und dort als Lagerdichter bekannt. Nach der Befreiung ging er nach Ostdeutschland und arbeitete dort als Erzieher.
Gelungene Flucht, entstanden zwischen 1942 und 1944 in den Emslandlagern.
Aus: Willy Perk, *Hölle im Moor. Zur Geschichte der Emslandlager 1933–1945*. Frankfurt am Main 1979.

Janina Hescheles. Geboren um 1930 in Lemberg. War im Janów-Lager bei Lemberg. Sie schrieb dort Gedichte und trug sie in den Frauenbaracken vor. Michał M. Borwicz – der spätere Direktor der Jüdischen Historischen Kommission in Krakau – organisierte ihre Flucht aus dem Lager. Sie überlebte. Das Gedicht *Bełżec* schrieb sie mit 12 Jahren.
Bełżec. Janów-Lager 1943.
Aus: Konrad Strzelewicz, a.a.O., S. 121. Übersetzung: S. Pampuch.

Dagmar Hilarová. Geboren am 26.3.1928 in Prag. Deportation nach Theresienstadt mit dem Transport CV-190 aus Prag am 6.3.1943. Dort wurde sie befreit. Sie ist Schriftstellerin und lebt in Prag.

Máj 1945 (Mai 1945), geschrieben 1945 in Theresienstadt.
Aus: (Manuskript) *Hilarová und Theresienstadt.* Wien 1968.

Maria Hiszpańska-Neumann. Geboren in Warschau am 28.10.1917, Studium an der Akademie der Schönen Künste in Warschau. Sie schloß sich sogleich nach Kriegsausbruch dem polnischen Widerstand an, wurde im April 1941 verhaftet und kam am 10.4.1942 nach Ravensbrück, von dort im Winter 1943/1944 ins Nebenlager Neubrandenburg. Im April 1945 entfloh sie einem Evakuierungstransport; sie wurde von der Roten Armee befreit. Sie hatte während ihrer Haft etwa 400 Zeichnungen angefertigt, wovon ein Teil nach draußen geschmuggelt worden war. Etwa 250 Werke mußte sie im Lager zurücklassen. Diese wurden mit anderen konspirativen Dokumenten in Büchsen im Wald vergraben, waren aber nach Kriegsende nicht mehr auffindbar. Sie starb am 12.2.1980.

[S. 96] *Kobiety z taczkami (Frauen mit Schubkarren)*, entstanden 1943 in Ravensbrück. Karton, Tusche, 10,5 × 7,7 cm.
[S. 134] *Noszenie cegiel (Ziegelschleppen)*, Polen 1946. Papier, Tusche, farbig, 35 × 24 cm.
Beide aus: Staatliches Museum Auschwitz, Archiv.

Michel Jacques. War inhaftiert in Dachau. Weitere Angaben waren nicht zu ermitteln.

Jeu d'enfant (Kinderspiel), entstanden in Dachau.
Aus: Henri Pouzol, a.a.O., S. 53. Übersetzung: S. Pampuch.

Georg Kafka. Geboren am 15.2.1921 in Teplitz-Schönau. Weitläufiger Verwandter Franz Kafkas. 1942 Einweisung nach Theresienstadt. Am 15.5.1944 folgte er seiner Mutter freiwillig nach Auschwitz. Er kam dann nach Schwarzheide, wo er 1944 starb.

Segen der Nacht, geschrieben 1943 in Theresienstadt.
Aus: Manfred Schlösser (Hg.), a.a.O., S. 220.

Kurt Kapper. Geboren am 5.2.1899 in Prag. Er war Zahnarzt und kam am 14.12.1941 ins KZ Theresienstadt, am 15.12.1943 nach Auschwitz, wo er am 16.2.1945 ermordet wurde.

Was kommt denn noch?, geschrieben 1943 in Theresienstadt.

Aus: *Hilarová und Theresienstadt*, a.a.O.

Zofia Karpińska. 1908 in Lemberg geboren. War während der Okkupation im polnischen Untergrund tätig, 1942 trat sie der Polnischen Arbeiterpartei (PPR) bei. Im selben Jahr verhaftet, kam sie nach dem Gefängnisaufenthalt im Pawiak nach Majdanek, später nach Ravensbrück. Bis 1949 verheiratet mit Władysław Bieńkowski.

Na swojską nutę (Auf eine alte Weise), geschrieben 1943 in Majdanek.

Aus: Wanda Kiedrzyńska u.a., a.a.O., S. 145. Übersetzung: S. Pampuch.

Mai 1943. Im Warschauer Ghetto dauerte der Aufstand an. Majdanek füllte sich mit Transporten tausender Juden. Auf der niedergetrampelten Erde, umgeben von Stacheldraht, der von der SS Rosengarten genannt wurde, wartete man auf den Tod, es gab nichts zu essen. Dies geschah in der Nähe der Frauenblocks. »Und dennoch war Frühling«, erinnert sich die Autorin, »ein tragischer, schöner Frühling. Die kritischste Zeit des ganzen Aufenthalts in Majdanek. Ich hatte den Wunsch, mich von dieser Wirklichkeit loszureißen, und so schrieb ich dieses Lied.« Das Lied wurde später in verschiedenen Fassungen, u.a. in Ravensbrück, Sachsenhausen und im Nebenlager Velten nach der Melodie des Volkslieds ›A za lasem wołki moje‹ (Meine Öchslein hinterm Wald) gesungen.

Stoi nocka II (KZ-Liebeslied).

Aus: Archiv Aleksander Kulisiewicz, Kraków.

Der ursprüngliche Text von 1943 war auf seiner Wanderung durch die diversen Lager ständig verändert worden. A. Kulisiewicz hörte diese Fassung 1945 in Sachsenhausen. Zu diesem Zeitpunkt hatte niemand mehr die Kraft, sich aus der Wirklichkeit ins Märchen zu träumen, man sah dem Tod ins Auge, die Poesie war nur noch ein abgerissener Fetzen ferner Erinnerung.

Jizchak Katzenelson. Geboren 1886 in Koreliči bei Novogrudok (Weißrußland). Er war Dichter und Dramatiker, schrieb hebräisch und jiddisch. 1910 erschienen zwei, 1938 drei seiner Gedichtsammlungen. Seine Dramen wurden in jiddischen Theatern Polens, der Sowjetunion und den USA aufgeführt. In Łódź gründete er eine hebräische weltliche Schule, deren Direktor er bis Ausbruch des Zweiten Weltkrieges war. Er unternahm mehrere Reisen nach Palästina. Nach Kriegsausbruch floh er nach Warschau und lebte im dortigen Ghetto. 1942 verlor er seine Frau und zwei seiner Söhne. Katzenelson schloß sich der Partisanenbewegung ›Deror‹ an. Auch im Ghetto schrieb er unentwegt, u. a. ein Drama *Hiob* und führte ein hebräisches Tagebuch. Als Ausländer mit honduranischem Paß kam er im Mai 1943 nach Frankreich ins KZ Vittel. Er wurde von dort am 29.4.1944 mit seinem Sohn nach Auschwitz deportiert, wo beide am 3. Mai starben.

Zing, geschrieben vom 3. bis 5. Dezember 1943 im KZ Vittel.
Aus: Jizchak Katzenelson, *Dos lid funem ojsgehargetn jidischn folk*. New York, YKUF, o. J.
Sing, Nachdichtung von Hermann Adler.
Aus: Jizchak Katzenelson, *Das Lied vom letzten Juden*. Zürich, New York, Oprecht 1951.

Alfred Kittner. Geboren am 24.11.1906 in Czernowitz. Kindheitsjahre in Wien. Studium in Breslau. Ab 1931 Journalist in Czernowitz. 1938 erschien *Der Wolkenreiter*, sein erster Gedichtband. Von 1942 bis 1944 wurde er in verschiedenen Todeslagern in Transnistrien inhaftiert. Nach 1945 lebte er in Bukarest (ab 1958 als freier Schriftsteller und Übersetzer), seit 1981 in Düsseldorf. Er starb im August 1991.

Unterwegs, geschrieben 1942 im Stall Tschetwertenowka.
Friedhof Obodowka, geschrieben 1943 im Lager Obodowka.
Beide aus: Alfred Kittner, *Schattenschrift*. Aachen 1988, S. 38 und S. 53.

Ruth Klüger. Geboren am 30.10.1931 in Wien. Sie überlebte Theresienstadt und Auschwitz. Ihr Vater und ihr Bruder wurden ermordet. Sie lebt seit 1947 in den USA.

Der Kamin, geschrieben 1944 in Auschwitz.
Aus: Manfred Schlösser (Hg.), a.a.O., S. 121.

Maria Kociubska. Sie wurde in Warschau am 30.7.1941 verhaftet, am 23.9.1941 aus dem Pawiak-Gefängnis nach Ravensbrück gebracht, im Herbst 1943 überführt nach Majdanek, dann nach Auschwitz, wo sie eine schwere Typhuserkrankung durchmachte. Nach ihrer Rückkehr nach Ravensbrück im Winter 1944 starb sie an Entkräftung. Sie war die Frau eines Majors der polnischen Armee, der in Katyń ermordet wurde. 1941 war sie etwa 50 Jahre alt.

Czekam na list... (Ich warte auf Post...), geschrieben 1941 in Ravensbrück.
Aus: Wanda Kiedrzyńska u. a., a.a.O., S. 151. Übersetzung: S. Pampuch.
Wesz (Die Laus), geschrieben 1943 in Ravensbrück.
Aus: Archiv Aleksander Kulisiewicz, Kraków. Übersetzung: S. Pampuch.
Jetzt ist..., geschrieben in Ravensbrück.
Aus: Konrad Strzelewicz, a.a.O., S. 148.

Dieser parodistische Text ist in deutscher Sprache verfaßt, und zwar in der Sprache voller Flüche, Verwünschungen und Grobheiten, derer sich die SS im Umgang mit den Gefangenen bediente. Der Text wurde übermittelt von Maria Masłowska, die ihn in ihr Lagerheft eingetragen hatte.

Mieczysław Kościelniak. Geboren 29.1.1912 in Kalisz, Maler. War von 1941 bis 1945 in Auschwitz inhaftiert. Dort malte und zeichnete er sowohl im Auftrag der SS als auch illegal. Die illegalen Arbeiten wurden nach draußen geschmuggelt. Im Januar 1945 kam er nach Mauthausen, von dort nach Melk und Ebensee. Er wurde von der amerikanischen Armee befreit.

[S. 68] *Matka i zamordowane dziecko (Mutter mit ermordetem Kind)*, Polen 1946. Papier, Feder, Tusche, 55 × 41 cm.
[S.75] *Powrót z pracy (Rückkehr von der Arbeit)*, aus dem Zyklus ›Tag eines Häftlings‹, Polen 1950. Papier, Feder, Tusche, 65 × 81 cm.
Beide aus: Staatliches Museum Auschwitz, Archiv.

Leonard Krasnodębski. Siehe Aleksander Kulisiewicz, Kommentar zu »Choral aus der Tiefe der Hölle«.

Aleksander Kulisiewicz. Geboren 1918 in Krakau. Er studierte Jura und war von 1937 bis 1939 Leiter der Auslandszentrale des Internationalen Demokratischen Studentenvereins in Krakau. 1937 veröffentlichte er in einer Studentenzeitung einen Friedensappell an die Jugend der Welt. 1939 erschien ein anonymer Zeitungsartikel von ihm, worauf er als ›staatsfeindlicher‹ Journalist und Kriegshetzer von der Gestapo verhaftet wurde. 1939 kam er ins KZ Sachsenhausen-Oranienburg bei Berlin. In den 66 Monaten seiner Haft – er wurde am 2.5.1945 entlassen – organisierte er Lagerabende, u.a. mit Jean Barrault, André Lariboissière, Josef Čapek. Selbst verfaßte er 130 Gedichte und Lieder. Weitaus mehr Lieder sammelte er in seinem Kopf, die er nach seiner Entlassung auf 716 Manuskriptseiten in vier Sprachen niederschreiben ließ. Die SS-Ärzte hatten versucht, seine Stimme durch Einspritzen von Diphtheriebazillen zu zerstören. Das Experiment mißlang, weil Freunde ihm ein Antidotum verabreichten. Nach dem Krieg gründete er ein Archiv in Krakau über das illegale künstlerische Schaffen in den Konzentrationslagern. Er sang die Lieder der Ermordeten, Gefolterten, Gehängten und Vergasten in ganz Europa. Dazu sagte er einmal: »Es ist meine Pflicht, diese schrecklichen Lieder zu singen. Ich erfülle das Testament meiner gestorbenen Freunde. Sie haben mir ihre Lieder gebracht und mich gebeten: Aleks, hast du noch Platz in deinem Kopf für dieses Lied! Ich war immer so etwas wie das lebende KZ-Archiv, weil ich alles behalten konnte. Mein Singen verstehe ich als eine Warnung gegen Unmenschlichkeit.«
Aleksander Kulisiewicz starb mit 64 Jahren in Krakau.

Chorał z piekła dna (Choral aus der Tiefe der Hölle), entstanden 1944 in Sachsenhausen. Text: Leonhard Krasnodębski, Musik: Aleksander Kulisiewicz. Übersetzung: Carsten Linde. Aus: Archiv Aleksander Kulisiewicz, Kraków.

Der Text des *Chorals* war 1942 entstanden. Krasnodębski arbeitete zu jener Zeit in der Krankenbaracke des KZ Sachsenhausen. Tagtäglich war er Zeuge von ›Menschenexperimenten‹, die mit

Chemikalien an Kriegsgefangenen durchgeführt wurden. 1943 zwang man ihn, als unbequemen Zeugen, Selbstmord zu verüben. Aleksander Kulisiewicz komponierte 1944 die an den Trauermarsch von Chopin erinnernde Musik.

Spalona Matka (Die verbrannte Mutter), entstanden 1944 in Sachsenhausen. Übersetzung: S. Pampuch.
Aus: Archiv Aleksander Kulisiewicz, Kraków.

Edgar Kupfer-Koberwitz. Geboren am 24.4.1906 in Breslau. Am 8.11.1940 Einweisung nach Dachau. Er lebte zuletzt in Sardinien.

Typhus, entstanden in Dachau.
Der Marterpfahl, entstanden in Dachau.
Kette der Tage, entstanden in Dachau.
Alle aus: Edgar Kupfer-Koberwitz, *Kette der Tage*. Stuttgart-Calw o. J.

Jadwiga Leszczyńska. War inhaftiert in Auschwitz-Birkenau. Weitere Daten waren nicht zu ermitteln.

Frauenlager. Text: Jadwiga Leszczyńska. Birkenau 1944.
Musik: russisches Volkslied: Wolga, Wolga... (Stenka Razin).
Aus: Archiv Aleksander Kulisiewicz, Kraków.

Frauenlager ist ein Beispiel für Texte, die nicht selten in den Konzentrationslagern entstanden, und zwar von Autoren, die des Deutschen nicht mächtig waren. Man darf nicht vergessen, daß für sehr viele Häftlinge die erste Begegnung mit der deutschen Sprache in den Lagern stattfand. Was hier erklingt, ist die Stimme der SS, die alltäglichen Befehle, der ständige Terror. Hier begegnen wir dem Vokabular und dem im KZ herrschenden Ton. Deren Verfremdung in Lied und Gedicht war ein wichtiger Schritt, sich diesem Terror nicht widerstandslos zu ergeben (vgl. auch Gracjan Guziński, *Hau ab!* und Maria Kociubska, *Schweigestunde*).
Frauenlager wurde nach der Melodie des bekannten russischen Volksliedes ›Wolga, Wolga‹ gesungen. Es ist eine Montage all der Worte, die im KZ am häufigsten von der SS gebraucht wurden, und gibt einen realistischen Überblick über den Leidensweg im Lager: Ankunft, Alltag, Arbeit, Krankheit und Tod.

Aron Liebeskind. Geboren 1918. Er war Uhrmacher und stammte aus der Gegend von Lublin. Kam 1942 nach Treblinka. Dort arbeitete er als Leichenträger. Ihm gelang die Flucht aus Treblinka. Unter dem Namen Goldfisch lebte er eine gewisse Zeit in Deutschland. Er wurde erneut verhaftet und dann nach Sachsenhausen deportiert. Dort sang er im Chor von Rosebery d'Arguto und wurde mit diesem 1943 in Auschwitz-Birkenau vergast.

Kołysanka dla synka w krematorium (Wiegenlied für den Sohn im Krematorium), Treblinka 1942.
Aus: Archiv Aleksander Kulisiewicz, Kraków. Der ursprüngliche jiddische Text wurde von A. Kulisiewicz ins Polnische übertragen. Übersetzung: S. Pampuch.

Aron Liebeskind, Leichenträger in Treblinka, hatte dort die Ermordung seiner Frau Edith und seines dreijährigen Sohnes mit ansehen müssen. Nachts versteckte er das tote Kind unter einem Leichenhaufen – im Bewußtsein, daß er es am nächsten Tag ins Feuer werfen müßte. In dieser Nacht schrieb Liebeskind das Wiegenlied – in dieser Nacht wurde das Haar des 24jährigen weiß. Aleksander Kulisiewicz lernte den hünenhaften, dann schon halbverrückten jungen Mann im KZ Sachsenhausen kennen, wo dieser unablässig im Staub nach seinem toten Sohn suchte. Kulisiewicz übertrug das Wiegenlied aus dem Jiddischen ins Polnische. Gesungen wurde es nach einer Melodie des russischen Chansonniers Aleksandr Vertinskij.

Mif. Pseudonym für Michal Flach, der sich inzwischen Michael J. Flack nennt. Geboren um 1920. In Theresienstadt hatte er die Funktion eines Jugendleiters im Kinderhaus L 318. 1946 kam er in die USA und lebt heute als Professor für Außen- und Kulturpolitik in Washington, D. C.

Terezín (Theresienstadt), geschrieben 1944 in Theresienstadt.
Koncert na půdě staré školy (*Dachbodenkonzert in einer alten Schule*).
Beide aus: (Manuskript) M. J. Flack. Deutsch von Otto Kalina. In: *Kinderzeichnungen und Gedichte aus Theresienstadt 1942–1944*, Praha 1959, S. 20 und 30.

Beide Gedichte blieben in maschinenschriftlichen Kopien erhalten. Entgegen der oben zitierten Quelle, nach der kein Autor von *Dachbodenkonzert* bekannt war, teilte uns M. J. Flack mit, dieses Gedicht sei von ihm; desgleichen die bisher als anonym geltenden Texte *An einem sonnigen Abend* und *Stadt hinter dem Riegel* aus derselben Publikation. Mif schrieb vieles für die von ihm betreuten Kinder, so auch ein Drama in Versen, *Esther*, das erfolgreich aufgeführt werden konnte.
Der erwähnte Gideon Klein, 1919 in Prag geboren, war ein begabter Pianist und Komponist. Er wurde 1944 nach Auschwitz deportiert und im Januar 1945 erschossen.

Jascha Rabinowitsch. Kam 1943 am Jom Kippur (September) aus dem Ghetto Libau ins KZ Kaiserwald bei Riga. Im Nebenlager Precu entstanden viele seiner Lieder, darunter das *Jüdische Wiegenlied* in jiddischer Sprache. Jascha Rabinowitsch wurde am 3.5.1945, zwei Stunden bevor die britische Armee eintraf, in Neustadt (Schleswig-Holstein) von der SS erschossen.

Jüdisches Wiegenlied, entstanden 1943 in Precu.
Aus: Johanna Spector, *Ghetto- und KZ-Lieder aus Lettland und Litauen*. AJDC Austria 1947, S. 38f.

Im Frühling 1943 ging die SS von Lager zu Lager und holte die wenigen Kinder ab, die von den vorherigen Aktionen verschont worden waren. Wie durch ein Wunder blieben einige Kinder am Leben. An diese ist das Lied gerichtet.

René Reno. Pseudonym für Irena Hassenberg-Reno, französische Malerin polnischer Abstammung. Geboren um 1890 in Warschau, wo sie aufwuchs. Schon früh erhielt sie eine künstlerische Ausbildung. Nach Abschluß des russischen Gymnasiums studierte sie Malerei in München und Paris. Sie lebte in Paris, war verheiratet mit dem Künstler Alcide le Beau. 1948 reiste sie nach Polen und schuf auf dem Lagergelände von Auschwitz einen Bilderzyklus zur Lagerthematik. Sie starb 1953 in Paris.

[S. 18] *Rampe in Birkenau*, enstanden 1948 in Birkenau.
Papier, Kreide, 37 × 26 cm.

[S. 162] *Sur la lune*, entstanden in Polen 1948. Papier, Tusche, Kreide, 21 × 13,5 cm.
Beide aus: Staatliches Museum Auschwitz, Archiv.

Lea Rudnitski. Geboren 1916 im Städtchen Kalwarija, Litauen. Aufgrund ihrer dichterischen Begabung kam sie nach Kowno, erste Veröffentlichungen. Übersiedelte 1940 nach Wilna. Im Wilnaer Ghetto entstand eine Liedersammlung. Lea Rudnitski wurde als Partisanin zusammen mit Hirsch Glik von der Gestapo festgenommen. »Sie wird nach links ausgesondert, was besagt: sie muß nicht nach Treblinka.« Weiteres Schicksal unbekannt.
'S dremlen fejgl ojf di tswajgn (Vögel träumen auf den Zweigen), Entstehungsort nicht bekannt.
Aus: Szmerke Kaczerginski, a.a.O., S. 387 (Noten) und S. 87 (Text).

Maria Rutkowska-Kurcjuszowa. Geboren 1910 in Gidle bei Radomsko. Ökonomin, vor dem Krieg Journalistin. Kam mit einem Transport aus Radom im April 1942 nach Ravensbrück. Im Juli 1943 wurde sie ins Fabrikkommando Neubrandenburg – ein Außenlager von Ravensbrück – überstellt. 1944 arbeitete sie im Kommando Waldbau – einer unterirdisch angelegten Munitionsfabrik –, auch zu Neubrandenburg zugehörig. Im Jahre 1944 wurde ihr erster Mann, Tadeusz Rutkowski, in Groß-Rosen erschossen. Maria Rutkowska gehörte zu den beliebtesten und bekanntesten KZ-Dichterinnen. Sie lebt heute in Katowice.
Pokój mój (Mein Friede), geschrieben Dezember 1942 in Ravensbrück.
Aus: Wanda Kiedrzyńksa u. a., a.a.O., S. 116.
Aufseherin K, geschrieben Frühling 1943 in Ravensbrück.
Aus: Manuskript Rutkowska.
Alarm, geschrieben März 1943 in Ravensbrück.
Aus: Wanda Kiedrzyńska u. a., a.a.O., S. 109 f.
Moje ręce (Meine Hände), geschrieben 1943 in Neubrandenburg.
Aus: Archiv Akeksander Kulisiewicz, Kraków.

Der Text dieses Sabotageliedes entstand im Jahre 1943 im Außenkommando des KZ Ravensbrück-Neubrandenburg. Dort befand sich tief unter der Erde und getarnt eine Fabrik für Flugzeugelemente. Bei den häufigen Luftangriffen blieben die Frauen immer unbeaufsichtigt und hatten so die Möglichkeit zum freien Wort. Zwei Frauen schmuggelten den Text in ihren Holzschuhen nach Ravensbrück, dann nach Bergen-Belsen. Man weiß nicht, wo die Melodie dazu entstand. Sie wurde von dem Komponisten Krzysztof Jażdżyński überliefert, der sie 1945 in Bergen-Belsen hörte. Der erste Teil hat russische Anklänge; mit einer ähnlichen Melodie wurde die illegale Hymne von Majdanek gesungen. A. Kulisiewicz singt das Lied in seinem Film *Lieder aus der Hölle*.

Nic nie wiem (Nichts weiß ich heut), geschrieben September 1944 im Kommando Waldbau, Nebenlager von Ravensbrück.
Życie (Leben), geschrieben im Winter 1944/1945 in Ravensbrück.
Beide aus: Manuskript Rutkowska. Alle Übersetzungen: S. Pampuch.

Wie und warum ich begann, in Ravensbrück Gedichte zu machen. Mein erstes Gedicht hieß *An einen treuen Deutschen (Do wiernego niemca)*. Ich hatte es noch im Gefängnis geschrieben und im Gedächtnis nach Ravensbrück mitgebracht. Es hatte in den Winkeln hinter den Blocks ganz lebhafte Diskussionen ausgelöst; Wanda Kiedrzyńska spricht in ihrer Monographie *Ravensbrück* über diese ›Streitereien‹. Es gab zwei Kategorien von Diskutanden: die einen griffen mich an und warfen mir Schwäche gegenüber dem Feind vor, allein schon aufgrund der Tatsache, daß ich an deren Leiden denke. Die andern kritisierten das Ende meines Poems, indem sie mir sagten: »Man muß sehr aufpassen, der Haß ist gefährlich sogar für jene, die ihn sich zu empfinden erlauben. Wir dürfen nicht zulassen, unseren entsetzlichen Feinden ähnlich zu werden.« Dank dieser Diskussion habe ich mein Gedicht *Zeit der Vergeltung (W czas wyrownania)* geschrieben. Es ist Janina Peretiakowicz gewidmet, deren moralisches und intellektuelles

Niveau mein Denken beeinflußte und mich zwang, ›meine Feder‹ zu kontrollieren. Es war, genaugenommen, gar keine ›Feder‹, sondern ein Bleistift, den eine meiner Freundinnen aus dem Lagerbüro gestohlen hatte. Dann ›besorgten‹ mir meine Freundinnen, die in den Büros der Lagerkommandantur arbeiteten, noch kleine Papierfetzen aus deutschen Zeitungen, auf denen ich schreiben konnte.

Warum also schrieb ich im Lager Verse?
Mir scheint, dies war begründet durch dasselbe ›Doping‹, zu sprechen, das auch vor dem Krieg schon meine Wahl für den Journalistenberuf bestimmte. Ein weiterer Grund war eine Art ›sozialen Dopings‹, d. h. das Verlangen, eher die Dinge auszudrücken, die mich umgaben, als mich selber. Aus diesem Grund schrieb ich sehr wenig lyrische Texte. Ich fuhr im Lager fort, Reportagen zu machen, über das Leben, das mich umgab. So z. B. *Morgendämmerung (o świcie), (Targowisko) Marktplatz, (Kolumna chorych) Krankensäule* – oder ich versuchte, Artikel in Versform zu schreiben, die die wichtigsten Probleme betrafen, moralische, ethische Probleme, die meine Umgebung peinigten, meine ›Häftlings‹-freundinnen, die dem Lagerregime, dem Terrorismus, der Angst, dem Hunger nicht unterliegen wollten, die menschliche Geschöpfe bleiben wollten, würdig dieses Namens, immer frei auf dem Grunde ihres Herzens und in ihrer Haltung, selbst wenn sie ganz nah dem Verlust ihrer physischen Kraft waren.
Man muß deshalb die Sujets, die ›Themen‹, meiner Gedichte nehmen als Darstellung von Problemen, die sich in heimlichen Diskussionen stellten oder sogar als versteckte, verborgene Gedanken, überdeckt von den alltäglichen Leiden, Gedanken, die dennoch allgemein waren, uns allen eigen, zumindest vielen von uns – wovon man wußte, ohne darüber sprechen zu müssen. Es war die moralische Atmosphäre von Ravensbrück, die wohl spezifisch für dieses Lager war, vielleicht sogar einzigartig in ihrem »Register«.
Innerhalb der Sujets, der moralischen und ethischen Pro-

bleme, war der Haß das Sujet, welches – nachdem es mich am Beginn meines Sklavendaseins so berührt hatte – ein immer brennendes Problem meiner Gedanken blieb.

Ich war sehr glücklich, als ich im letzten Jahr – 1980 – die Gelegenheit hatte, eine Antwort auf eine Umfrage zu lesen, die eine meiner engsten Freundinnen von Ravensbrück, Urszula Winska, gemacht hatte. Diese Umfrage galt ihrer Untersuchung »Die moralische Haltung von Ravensbrück«. In ihrer Antwort spricht Maria Mieczkowska, eine ›Ehemalige‹ von Ravensbrück, über meine Gedichte: »Die Gedichte der Maria Rutkowska erschienen mir zunächst als für das Lager zu edelmütig, zu utopisch. Doch nach einiger Zeit, noch im Lager, habe ich begriffen, daß wir genau auf diese Art denken müssen, wenn wir in ein freies Leben zurückkehren wollen, ein Leben, gereinigt vom Haß, und daß wir dank dieser Reinigung stärker sein würden, eher fähig, ein glückliches Leben aufzubauen.« Ich zitiere diese Antwort, weil sie zu verstehen gibt, welches moralische Niveau fast generell unter den Frauen, übrigens aller Nationen, herrschte. Diese Frauen blieben trotz ihrer Leiden immer fähig, ihre Gedanken und Gefühle zu analysieren und unter Kontrolle zu halten. Nach ihrer Denkweise bleiben meine Gedichte ein authentisches, bescheidenes Zeugnis.

Die Form eines sehr kurzen Gedichts, eines Verses, war die beste Art, um die Gedanken, die Probleme zu übermitteln – im Wiederholen der rhythmisierten Worte während der ›Appelle‹ in die Ohren der anderen Frauen.

Und weiter, ich kann es nicht genau sagen, woher mir diese rhythmischen Strophen kamen – diese Form, die so nützlich war für die Propaganda des Widerstands im Lager. Woher kam mir das alles? Ich weiß es nicht zu sagen. Eine kleine Inspiration, die den Menschen in den schwierigsten Momenten kommt? Es war sicher so.

Nach dem Krieg hatte ich mich entschlossen, nicht zum Journalismus zurückzukehren. Ich habe aufgehört, Gedichte zu schreiben. Ich habe seit Kriegsende nur drei Gedichte geschrieben, und zwar jedesmal für Ehemalige von Ravensbrück. Und so ist es geblieben, obgleich das Leben in meinem Land von neuem aufregend ist. Doch sind es jetzt die andern, die Jungen, die die Fahnen halten. Ich kann über mich nur sagen, daß der Verzicht auf meinen Beruf als Journalistin für mich lange Jahre sehr traurig war. Aber für lange Zeit war man auch anderer Dinge beraubt.

17.9.1981 MRK

Karl Schnog. Geboren am 14.6.1897 in Köln. Vor 1933 Schauspieler und Regisseur. Neben Kästner, Mehring und Weinert einer der schlagkräftigsten linken Satiriker. Emigrierte in die Schweiz, flüchtete nach Frankreich, später nach Luxemburg. 1940 Verhaftung durch die Gestapo. Bis 1945 KZ Dachau, Sachsenhausen und gegen Ende des Krieges Buchenwald. Er überlebte.

Der Steinbruch, geschrieben 1944 in Buchenwald.
Aus: Heinz Seydel (Hg.), a.a.O., S. 295.
Nackte Aussage, geschrieben 1945 in Buchenwald.
Aus: Karl Schnog, *Jedem das Seine*. Berlin 1947, S. 62.

Zofia Stępień-Bator. Geboren 3.6.20 in Radom. Von Beginn der deutschen Okkupation in Polen an Mitglied einer konspirativen Organisation. 1942 von der Gestapo verhaftet. Von 1943 bis Januar 1945 in Auschwitz, dann in Ravensbrück und Neustadt inhaftiert. Sie überlebte.

[S. 82] *Porträt von Mally Zimetbaum*, entstanden 1943 in Auschwitz. Kreide auf Karton, 25 × 17 cm.
Quelle: Staatliches Museum Auschwitz, Archiv.

Mally Zimetbaum gehörte zum Widerstand im Lager Auschwitz. Sie floh aus dem Lager. Später wurde sie jedoch gefaßt und im ›Todesblock‹ eingesperrt, wo sie an den Folgen eines Verhörs starb.

Jiří Stein. Geboren am 23.8.1920 in Prag. Am 4.12.1941 kam er nach Theresienstadt. Am 29.4.1944 wurde er in einem Transport nach Auschwitz deportiert, wo er auch starb.
Von ihm sind vier Gedichte, überliefert in Originalmaschinenschrift, aus Theresienstadt erhalten geblieben.

Městu (An die Stadt) und *Dopis (Der Brief)*, geschrieben in Theresienstadt.
Aus: Judaica Bohemiae. Praha (Státni Židovské Muzeum, XXI, 1./1985) Übersetzung: Státni Židovské Muzeum.

Lea Swirski. Geboren im Schtetl Swentsjany bei Wilna in Litauen. Lea Swirski war 15 Jahre alt, als die Deutschen ihr Schtetl besetzten. Im dortigen Ghetto wurde sie interniert. Anschließend durchlief sie die Ghettos von Wilna und Kowno, später die Lager von Schischmaren und Koschedaren. Zuletzt deportierte man sie nach Deutschland, wo ihr die Flucht gelang.
Majn schtetl (Mein Schtetl), geschrieben im Schischmarer Lager (Litauen).
Aus: Szmerke Kaczerginski, a.a.O., S. 272. Übersetzung: E. Lau und S. Pampuch.

Aleksander Szymkiewicz. Geboren am 20.1.1912 in Batumi (Rußland). Gehörte als Missionar der Kongregation des Vinzenz von Paul (Vinzentiner) an. Er wurde am 15.7.1940 in Krakau verhaftet, kam ins Krakauer Montelupich-Gefängnis, am 30.9.1940 nach Auschwitz, von dort am 12.12.1940 nach Dachau.
Häftlingsnummer 22206. War einer der Lagerdichter von Dachau und wurde befreit.
Depresja (Depression), geschrieben 1943 in Dachau.
Aus: Konrad Strzelewicz, a.a.O., S. 235. Übersetzung: S. Pampuch.

Erika Taube. Geboren 1913. Gattin des Wiener Kapellmeisters Karl Siegmund Taube (Carlo Taube). Im Dezember 1941 wurde sie mit ihrem Mann nach Theresienstadt deportiert, im Oktober 1944 nach Auschwitz weitergeleitet und dort vermutlich vergast. Überliefert wurde ein Bündelchen loser Blätter mit rund fünfzig Gedichten und sieben Zeichnungen.
Ich möchte gerne..., geschrieben zwischen 1941 und 1944 in Theresienstadt.
Aus: Heinz Seydel (Hg.), a.a.O., S. 297.

Janina Tollik. Geboren am 4.9.1910 in Janów, Kreis Kwidzyn. Malerin. Sie war nach Kriegsausbruch aktiv im Widerstand, wurde am 9.5.1941 verhaftet, war ein Jahr im Montelupich-Gefängnis in Krakau inhaftiert. Am 28.5.1942 kam sie nach Auschwitz, erhielt dort die Nummer 6804. Im Herbst 1942 wurde sie nach Birkenau verlegt; kam im Oktober 1944 ins KZ Flossenbürg, von dort in ein Nebenlager bei Dresden, wo sie für die Firma Zeiss arbeitete. Sie floh Ende April aus einem Transport und wurde von den Alliierten befreit. Sie malte sehr viel – Skizzen, Aquarelle, vor allem Landschaftsbilder. Nach dem Krieg Studienaufenthalt in Brüssel. Dort schuf sie einen Bilderzyklus zu Auschwitz, den sie dem Museum in Auschwitz vermachte. 1949 Rückkehr nach Polen. 1950–1953 Aufenthalte auf dem Lagergelände. Auf der Basis geretteter Skizzen schuf sie dort weitere Zyklen. Sie veröffentlichte ein Album mit dem Titel *Nie wieder*.

[S. 12] *U kresu sit (Am Ende der Kraft)*, entstanden in Auschwitz 1950. Leinwand, Öl, 95 × 135 cm.
[S. 20] Odroczenie śmierci (Aufschub des Todes), entstanden in Belgien 1946. Leinwand, Öl, 60 × 73 cm.
[S. 46] *Jedyna chwila wytchnienia (Der einzige Augenblick des Aufatmens)*, entstanden in Belgien 1946. Öl, 60 × 73 cm.
[S. 140] *W drodze do pracy (Auf dem Weg zur Arbeit)*, entstanden in Belgien 1946. Leinwand, Öl, 60 × 80 cm.
Alle aus: Staatliches Museum Auschwitz, Archiv.

J. Tsendorf. Geboren am 19.5.1902 in Łódź. Er arbeitete als Drucker und schloß sich bald revolutionären Kreisen an. Nach geraumer Zeit wurde er aufgrund dieser Tätigkeit verfolgt und floh nach Danzig. Dort erschien 1937 ein Liederbuch von ihm. Am 14.5.1941 wurde er in das Lager Pithiviers (Frankreich) deportiert. Von dort kam er nach Auschwitz. Vermutlich ist er dort umgekommen.

Undzer mut iz nit gebrochn (Unser Mut ist nicht gebrochen), entstanden im Lager Pithiviers, wurde dort auch gesungen.
Aus: Szmerke Kaczerginski, a.a.O., S. 270. Übersetzung: E. Lau und S. Pampuch.

Ilse Weber. Geboren am 11.1.1903 in Witkowitz bei Mährisch-Ostrau. Bis 1939 Tätigkeit in der Erbrichterei in Witkowitz. Bis zu diesem Zeitpunkt gab sie auch Kinderbücher und andere Publikationen heraus. 1942 wurden ihr Mann, ihr Sohn Tommy und sie nach Theresienstadt eingewiesen. Dort verfaßte sie Gedichte und Lieder. Ihre Lieder brachten das Erlebnis eines ganzen menschlichen Kollektivs zum Ausdruck und wurden zum Gemeingut aller Inhaftierten von Theresienstadt. 1944 folgte sie ihrem Mann freiwillig nach Auschwitz und wurde dort am 6.10.1944 mit ihrem Sohn vergast.

Tor der Magdeburger Kaserne, geschrieben in Theresienstadt.
Ich wandre durch Theresienstadt, geschrieben in Theresienstadt.
Beide aus: Hanuš Weber (Hg), *Ilse Weber – Theresienstadt*. Stockholm o. J.

Włodzimierz Wnuk. Geboren am 15.5.1915 in Zakopane. Jura- und Philosophiestudium. Prosaschriftsteller und Essayist. War von 1939 bis 1941 in den Lagern Stutthof, Sachsenhausen und Mauthausen-Gusen inhaftiert, nach seiner Entlassung schloß er sich dem Warschauer Widerstand an. Wnuk schrieb seine Lagererfahrungen in einem Erinnerungsbuch nieder, das unter dem Titel *Quarantänelager* 1946 erschien. Fragmente dieses Buches kursierten bereits 1943 als Bericht *Von der vordersten Frontlinie* in einer konspirativen Ausgabe. Ein zweiter Erinnerungsband *Ich war unter euch* wurde 1960 publiziert.

Żywe kamienie (Die lebenden Steine), geschrieben 1941 in Mauthausen.
Text: W. Wnuk; Musik; A. Kulisiewicz, Sachsenhausen 1943; deutsche Fassung: Rudi Windisch.

Im Lager Gusen bei Mauthausen befanden sich die Steinbrüche der ›Deutschen Erd- und Steinwerke‹. Tausende von Häftlingen kamen dort in kürzester Zeit bei der schweren Arbeit um. Wnuk berichtet: »... die Granitsteine verwandelten sich unter unseren Händen in teuflisch harte, formvollendete Pflastersteine – sie waren für mich nicht nur mit dem Schweiß, der an ihnen herunterlief, und nicht nur mit dem Blut, das darauf tropfte, verbunden. Nein – wir selber fingen an, den Granitblöcken von außen ähn-

lich zu werden. Nach einigen Monaten Lagerhaft wurden wir selber zu Stein.«
Aus dieser Situation heraus schrieb Wnuk 1941 dieses Gedicht. Viele seiner Kollegen lernten es auswendig, andere schrieben es sogar auf.
Ein Mithäftling brachte das Gedicht nach Sachsenhausen, wo es Aleksander Kulisiewicz 1943 vertonte. *Die lebenden Steine* waren sehr beliebt, sie wurden oft rezitiert und gesungen und in viele Sprachen übertragen. In Groß-Rosen entstand die deutsche Nachdichtung durch Rudi Windisch.

Unbekannte Verfasser

Schpalt zich, himl (Spalt dich, Himmel), Entstehungsort unbekannt.
Aus: Smerke Kaczerginski, Lider fun getos un lagern, New York 1948, S. 281. Deutsch von E. Lau und S. Pampuch.
Der Todestango, entstanden 1942 im Janów-Lager bei Lemberg.
Aus: Archiv Aleksander Kulisiewicz, Krakau.

Die Melodie dieses Tangos mußten im Janów-Lager die für den Tod Selektierten anhören. Der 1. Geiger des Lagerorchesters, Schatz – ein bekannter Virtuose und Schlagerkomponist –, war dazu bestimmt, sie jeweils auf Befehl der SS zu spielen. Anna Muzyczka überlieferte den Text.

Unbekannte Künstler

[S. 30] *Accordéoniste de Dachau*, entstanden in Dachau.
Aus: Gedenkstätte Dachau.
[S. 64] *Skulptur*, Holz, geschaffen 1944 von einem russischen Häftling in Dachau.
Aus: Gedenkstätte Dachau.

Die Skulptur wurde von einem ehemaligen französischen Dachauer KZ-Insassen auf einem Flohmarkt in Nordfrankreich entdeckt, von ihm stammt auch die Fotografie, die er der Gedenkstätte überließ.

[S. 117] *Verbrennen der Leichen*, entstanden 1943 in Majdanek. Papier, Tempbra, Bleistift, 21 × 32 cm.
Aus: Staatliches Museum, Ausschwitz, Archiv.

Verwendete Literatur

Hermann Adler, Gesänge aus der Stadt des Todes, Gedichte. Zürich, New York, Oprecht 1945.

Ilse Blumenthal-Weiss, Mahnmal, Gedichte aus dem KZ. Mainz 1960.

Encyclopaedia Judaica, Vol. 1–16. Jerusalem 1971–1972.

Fania Fénélon, Das Mädchenorchester in Auschwitz. München 1981.

Martin Gilbert, Endlösung. Die Vertreibung und Vernichtung der Juden. Ein Atlas. Reinbek 1982.

Gunter Groll (Hg.), De profundis. Deutsche Lyrik in dieser Zeit. Eine Anthologie aus zwölf Jahren. München 1946.

Maria Günzel, Trost im Leid. Stuttgart 1976.

Janina Jaworska, »Nie wszystek umrę...« Twórczość plastyczna w hitlerowskich więzieniach i obozach koncentracyjnych 1939–1945, Warszawa. 1975.

Judaica Bohemiae. Praha (Státní Židovské Muzeum, Jg 22–23) 1985–1986.

Smerke Kaczerginski, Lider fun getos un lagern. New York 1948.

Jizchak Katzenelson, Dos lid funem ojsgehargetn jiddischn folk. New York o. J.

Jizchak Katzenelson, Das Lied vom letzten Juden, Nachdichtung von Hermann Adler. Zürich, New York, Oprecht 1951.

Wanda Kiedrzyńska, Irena Pannenkowa, Eliza Sulińska, Ravensbrück. Wiersze obozowe. Warszawa 1961.

Kinderzeichnungen und Gedichte aus Theresienstadt. 1942–1944. Praha (Státní Židovské Muzeum) 1959.

Alfred Kittner, Schattenschrift. Gedichte. Aachen 1988.

Aleks Kulisiewicz, KZ-Lieder, Hg. von Carsten Linde. Sievershütten 1972.

Edgar Kupfer-Koberwitz, Kette der Tage. Stuttgart / Calw o. J.

Willy Perk, Hölle im Moor. Zur Geschichte der Emslandlager 1933–1945. Frankfurt am Main 1979.

Henri Pouzol, La poésie concentrationnaire. Visage de l'homme dans les camps hitlériens 1940–1945. Paris 1975.

Manfred Schlösser (Hg.), An den Wind geschrieben. Darmstadt, Agora 1960.

Wolfgang Schneider, Kunst hinter Stacheldraht. Ein Beitrag zur Geschichte des antifaschistischen Widerstandes. Leipzig 1976.

Karl Schnog, Jedem das Seine. Satirische Gedichte. Berlin 1947.

Heinz Seydel (Hg.), Welch ein Wort in die Kälte gerufen. Berlin 1968.

Johanna Spector, Ghetto- und KZ-Lieder aus Lettland und Litauen, AJDC – Austria 1947.
Konrad Strzelewicz, Polskie wiersze obozowe i więzienne 1939–1945 w Archiwum Aleksandra Kulisiewicza. Kraków 1984.
Joseph Wulf, Yiddische Gedichte aus den Ghettos 1939–1945. Berlin 1964.

Weitere Literatur zur Vertiefung – Eine Auswahl

H. G. Adler, Der verwaltete Mensch. Studien zur Deportation der Juden aus Deutschland. Tübingen 1974.

H. G. Adler, Theresienstadt 1941–1945. Das Antlitz einer Zwangsgemeinschaft. Geschichte, Soziologie, Psychologie, zweite verb. und erg. Auflage. Tübingen 1960.

H. G. Adler, Die verheimlichte Wahrheit. Theresienstädter Dokumente. Tübingen 1958.

Auschwitz. Zeugnisse und Berichte, hg. von H. G. Adler, Hermann Langbein, Ella Lingens-Reiner, dritte überarb. Auflage. Köln, Frankfurt am Main 1984.

Die Auschwitz-Hefte. Texte der polnischen Zeitschrift ›Przegląd lekarski‹ über historische, psychische und medizinische Aspekte des Lebens und Sterbens in Auschwitz, hg. vom Hamburger Institut für Sozialforschung, Band 1–2. Weinheim und Basel 1987.

Władysław Bartoszewski, Uns eint vergossenes Blut. Juden und Polen in der Zeit der »Endlösung«. Frankfurt am Main 1987.

Bruno Bettelheim, Erziehung zum Überleben. Zur Psychologie der Extremsituation. München 1982.

Tadeusz Borowski, Bei uns in Auschwitz. Erzählungen. München, Zürich 1983.

Mary S. Costanza, Bilder der Apokalypse. Kunst in Konzentrationslagern und Ghettos. München 1983.

Danuta Czech, Kalendarium der Ereignisse im Konzentrationslager Auschwitz-Birkenau 1939–1945. Reinbek 1989.

Adam Czerniaków, Im Warschauer Ghetto. Das Tagebuch des Adam Czerniaków 1939–1942. Aus dem Polnischen von Silke Lent. München 1986.

Charlotte Delbo, Trilogie. Keine von uns wird zurückkehren. Eine nutzlose Bekanntschaft. Maß unserer Tage. Basel, Frankfurt am Main 1990.

Inge Deutschkron, Ich trug den gelben Stern. Zeugen und Zeugnisse. München 1985.

Inge Deutschkron, ...denn ihrer war die Hölle. Kinder in Ghettos und Lagern. Köln 1985.

Miep Diekmann und Dagmar Hilarová, Ich habe keinen Namen. Würzburg 1985.

Cordelia Edvardson, Gebranntes Kind sucht das Feuer. Hameln 1989.

Ruth Elias, Die Hoffnung erhielt mich am Leben. Mein Weg von Theresienstadt und Auschwitz nach Israel. München 1988.
Die Ermordung der europäischen Juden. Eine umfassende Dokumentation des Holocaust 1941–1945, hg. von Peter Longerich. München, Zürich 1989.
Hai und Topsi Frankl, »Jiddische Lieder«. Frankfurt am Main 1981.
Viktor E. Frankl, ... Trotzdem Ja zum Leben sagen. Ein Psychologe erlebt das Konzentrationslager. München 1982.
Bedřich Fritta, Für Tommy zum dritten Geburtstag. Ein Vater malt für sein Kind – Theresienstadt 1944, zweite Auflage. Pfullingen 1985.
Heiko Haumann, Geschichte der Ostjuden. München 1990.
Joe J. Heydecker, Das Warschauer Ghetto. Fotodokumente eines deutschen Soldaten aus dem Jahr 1941. München 1983.
Raul Hilberg, Sonderzüge nach Auschwitz. Mainz 1981.
Raul Hilberg, Die Vernichtung der europäischen Juden, durchges. und erw. Ausgabe. Frankfurt am Main 1990.
Hiob 1943, Ein Requiem für das Warschauer Ghetto. Ausgewählt und hg. von Karin Wolff. Neukirchen-Vluyn 1983.
Rudolf Höß, Kommandant in Auschwitz. Autobiographische Aufzeichnungen. München 1978.
Wiesław Kielar, Anus Mundi. Fünf Jahre Auschwitz, vierte Auflage. Frankfurt am Main 1988.
Hermann Langbein, ... nicht wie die Schafe zur Schlachtbank. Widerstand in den nationalsozialistischen Konzentrationslagern 1938–1945. Frankfurt am Main 1985.
Hermann Langbein, Die Stärkeren. Ein Bericht aus Auschwitz und anderen Konzentrationslagern. Köln 1982.
Claude Lanzmann, Shoah. München 1988.
Primo Levi, Ist das ein Mensch? Die Atempause. München 1988.
Jacques Lusseyran, Das Leben beginnt heute. Erinnerungen und Begegnungen eines Blinden. München 1990.
Jacques Lusseyran, Das wiedergefundene Licht. Die Lebensgeschichte eines Blinden im französischen Widerstand. München 1989.
Ulrike Migdal, »und die Musik spielt dazu«. München 1987.
Małgorzata Niezabitowska, Tomasz Tomaszewski, Die letzten Juden in Polen. Schaffhausen 1987.
Lea Rosh, Eberhard Jaeckel, Der Tod ist ein Meister aus Deutschland. Hamburg 1990.
Ruth Schwertfeger, Women of Theresienstadt. Voices from a concentration camp. Oxford, New York, Hamburg 1989.
Jorge Semprún, Die große Reise. Frankfurt am Main 1981.
Joshua Sobol, Ghetto, Schauspiel in drei Akten. Mit Dokumenten und Beiträgen zur zeitgeschichtlichen Auseinandersetzung sowie Zeichnungen von Johannes Grützke, hg. von Harro Schweier. Berlin 1984.
Gerty Spies, Drei Jahre Theresienstadt. München 1984.

Ingrid Strobl, »Sag nie, du gehst den letzten Weg«. Frauen im bewaffneten Widerstand gegen Faschismus und deutsche Besetzung. Frankfurt am Main 1989.
Krystina Żywulska, Tanz Mädchen... Vom Warschauer Ghetto nach Auschwitz. Ein Überlebensbericht. München 1988.

Wir danken:
Aleksander Kulisiewicz, Krysztof Kulisiewicz, Maria Rutkowska, Krystina Żywulska, Michael Korth
Pamatnik Terezín, CSFR,
Państwowe Muzeum w Oświęcimiu, Archiwum, Auschwitz
Archiv des österreichischen Widerstandes, Wien
YKUF, New York
Museum Dachau
Jüdische Gemeinde, München
Osteuropa Institut, München
und allen Freunden und Helfern, die das Projekt mitgetragen haben.

Trotz umfangreicher Recherchen waren nicht alle Rechteinhaber bzw. Rechtenachfolger auffindbar. Der Verlag ist selbstverständlich bereit, berechtigte Ansprüche im nachhinein wie üblich zu regeln.

Lyrik

Ilse Aichinger
Verschenkter Rat
Band 11048

Rose Ausländer
Blinder Sommer
Band 5199
Denn wo ist Heimat?
Band 11152
Ich spiele noch
Band 10421
Im Atemhaus wohnen
Band 2189
Sanduhrschritt
Band 11158
Der Traum hat offene Augen
Gedichte 1965-1978
Band 9172

Wolfgang Bächler
Ausbrechen
Gedichte aus 20 Jahren. Band 5127

Wolfgang Bächler
Die Erde bebt noch
Frühe Gedichte 1942 bis 1957
Band 9174
Nachtleben. Bd.5872

Joseph Brodsky
Gedichte. Bd.9232

Paul Celan
Die Niemandsrose/ Sprachgitter
Band 2223

René Char
Die Bibliothek in Flammen
und andere Gedichte
La bibliothèque est en feu
Zweisprachige Ausgabe. Band 10803
Zorn und Geheimnis
Fureur et Mystère
Zweisprachige Ausgabe. Band 9571

Robert Creeley
Echos
Band 12036

Hilde Domin (Hg.)
Doppelinterpretationen
Das zeitgenössische Gedicht. Band 1060

Odysseas Elytis
To Axion Esti - Gepriesen sei
Gedichte und Prosa
Band 5029

Erich Fried
Anfechtungen
Band 10343
Befreiung von der Flucht
Gedichte und Gegengedichte
Band 5864
Die Freiheit den Mund aufzumachen
48 Gedichte
Band 10344

Fischer Taschenbuch Verlag

fi 145 / 15 a

Lyrik

Erich Fried
100 Gedichte ohne Vaterland
Band 10988
Frühe Gedichte
Band 9511
Reich der Steine
Zyklische Gedichte
Band 5959
Von Bis nach Seit
Gedichte aus den Jahren 1945-1958
Band 11783
Warngedichte
Band 2225

Walter Helmut Fritz
Mit einer Feder aus den Flügeln des Ikarus
Ausgewählte Gedichte. Band 9266

Yvan u. Claire Goll
Traumkraut/ Die Antirose
Band 9590

Ludwig Greve
Sie lacht und andere Gedichte
Band 11524

Klaus Hensel
Stradivaris Geigenstein
Band 11286

Bruno Hillebrand
Und sage ja zu diesem Augenblick
Gedichte aus den Jahren 1960-1985
Band 10842

Peter Huchel
Chausseen, Chausseen
Band 5120

Marie L. Kaschnitz
Überallnie
Ausgewählte Gedichte 1928-1965
Band 5820

Matthias Koeppel
Starckdeutsch
Oine Orrswuuhl dörr schtahurcköstn Gedeuchten
Band 11011

Jan Koneffke
Gelbes Dienstrad wie es hoch durch die Luft schoß
Band 10786

Michael Krüger
Aus der Ebene
Band 5865
Diderots Katze
Band 2256
Die Dronte
Band 9222

Günter Kunert
Berlin beizeiten
Band 9567

Fischer Taschenbuch Verlag

fi 145 / 17 b

Lyrik

Reiner Kunze
auf eigene hoffnung
Band 5230
zimmerlautstärke
Band 1934

Ellinor Lau/
Susanne Pampuch
Draußen steht eine bange Nacht
Band 10716

Peter Maiwald
Balladen von Samstag auf Sonntag
Band 10676
Guter Dinge
Band 10675

Ossip Mandelstam
Gedichte
Band 5312
Mitternacht in Moskau
Die Moskauer Hefte
Gedichte 1930-1934
Band 9184

Christoph Meckel
Souterrain
Band 5146
Wildnisse
Band 5819

Selma Meerbaum-Eisinger
Ich bin in Sehnsucht eingehüllt
Band 5394

Boris Pasternak
Wenn es aufklart
Gedichte 1956-1959
Band 9566

Sylvia Plath
Drei Frauen/ Three Women
Ein Gedicht für drei Stimmen
Zweisprachige Ausgabe. Band 11762

Felix Pollak
Vom Nutzen des Zweifels. Band 9263

Jan Skácel
wundklee
Band 10129

Guntram Vesper
Ich hörte den Namen Jessenin
Frühe Gedichte
Band 11282
Die Illusion des Unglücks
Band 5128

Derek Walcott
Das Königreich des Sternapfels
Band 11841

Walther von der Vogelweide
Gedichte
Mittelhochdeutscher Text und Übertragung
Band 6052

Fischer Taschenbuch Verlag

fi 145 / 16 c

Die Zeit des Nationalsozialismus

Eine Buchreihe
Herausgegeben von Walter H. Pehle

Götz Aly/
Susanne Heim
Vordenker der Vernichtung
Auschwitz und die deutschen Pläne für eine neue europäische Ordnung
Band 11268

Ralph Angermund
Deutsche Richterschaft 1919 - 1945
Band 10238

Avraham Barkai
Das Wirtschaftssystem des Nationalsozialismus
Ideologie, Theorie, Politik 1933-1945
Band 4401

Ute Benz/
Wolfgang Benz (Hg.)
Sozialisation und Traumatisierung
Kinder in der Zeit des Nationalsozialismus
Band 11067

Wolfgang Benz (Hg.)
Herrschaft und Gesellschaft im nationalsozialistischen Staat
Band 4435

(Hg.) Wolfgang Benz/
Hans Buchheim/
Hans Mommsen
Der Nationalsozialismus
Band 11984

(Hg.) Wolfgang Benz/
Angelika Schardt
Deutsche Kriegsgefangene im Zweiten Weltkrieg
Erinnerungen
Band 11918
(in Vorbereitung)

Dirk Blasius/
Dan Diner (Hg.)
Zerbrochene Geschichte
Leben und Selbstverständnis der Juden in Deutschland
Vom Mittelalter bis zur Gegenwart
Band 10524

Fischer Taschenbuch Verlag

fi 1710 / 5 a

Die Zeit des Nationalsozialismus

Eine Buchreihe
Herausgegeben von Walter H. Pehle

Horst Boog/
Jürgen Förster/
Joachim Hoffmann/
Ernst Klink/
Rolf-Dieter Müller/
Gerd R. Ueberschär
Der Angriff auf die Sowjetunion
Band 11008

A. von Borries (Hg.)
Selbstzeugnisse des deutschen Judentums 1861-1945
Band 4357

Wilhelm Deist/
M. Messerschmitt/
Hans E. Volkmann/
Wolfram Wette
Ursachen und Voraussetzungen des Zweiten Weltkrieges. Band 4432

Georg Denzler/
Volker Fabrizius
Christen und Nationalsozialisten
Band 11871
Die Kirchen im Dritten Reich
Christen und Nazis Hand in Hand?
Band 2: Dokumente. Band 4321

Dan Diner (Hg.)
Ist der Nationalsozialismus Geschichte?
Zu Historisierung und Historikerstreit
Band 4391
Zivilisationsbruch
Denken nach Auschwitz
Band 4398

Hans Dollinger (Hg.)
Kain, wo ist dein Bruder?
Was der Mensch im Zweiten Weltkrieg erleiden mußte - dokumentiert in Tagebüchern und Briefen. Bd. 4374

Bernd Eichmann
KZ-Gedenkstätten in Europa
Band 11781
(in Vorbereitung)

Gustave M. Gilbert
Nürnberger Tagebuch
Band 1885

Albrecht Goes
Das Brandopfer
Erzählung. Bd. 1524

Fischer Taschenbuch Verlag

fi 1710 / 5 b

Die Zeit des Nationalsozialismus

Eine Buchreihe
Herausgegeben von Walter H. Pehle

Günter Grau (Hg.)
Homosexualität in der NS-Zeit
Band 11254

Sebastian Haffner
Anmerkungen zu Hitler
Band 3489

Jost Hermand
Als Pimpf in Polen
Erweiterte Kinderlandverschickung 1940-1945
Band 11321

Raul Hilberg
Die Vernichtung der europäischen Juden
Drei Bände in Kass.
Band 4417

Eberhard Jäckel/Jürgen Rohwer (Hg.)
Der Mord an den Juden im Zweiten Weltkrieg
Band 4380

Wieslaw Kielar
Anus Mundi
Fünf Jahre Auschwitz
Band 3469

Ernst Klee
»Euthanasie« im NS-Staat
Band 4326
Persilscheine und falsche Pässe
Wie die Kirchen den Nazis halfen
Band 10956

Ernst Klee
Was sie taten - Was sie wurden
Ärzte, Juristen und andere Beteiligte am Kranken- und Judenmord
Band 4364
»Die SA Jesu Christi«
Die Kirche im Banne Hitlers
Band 4409

Ernst Klee (Hg.)
Dokumente zur »Euthanasie« im NS-Staat
Band 4327

Fischer Taschenbuch Verlag

fi 1710 / 5 c

Die Zeit des Nationalsozialismus

Eine Buchreihe
Herausgegeben von Walter H. Pehle

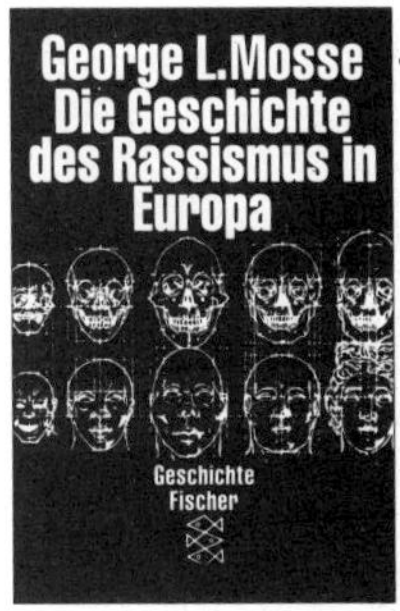

(Hg.) Eugen Kogon/
Hermann Langbein/
A. Rückerl u.a.
Nationalsozialistische Massentötungen durch Giftgas
Eine Dokumentation. Band 4353

Helmut Krausnick
Hitlers Einsatzgruppen
Die Truppe des Weltanschauungskrieges 1938 - 1942
Band 4344

Hermann Langbein
...nicht wie die Schafe zur Schlachtbank
Band 3486

Georg Lilienthal
Der »Lebensborn e. V.«
Ein Instrument nationalsozialistischer Rassenpolitik
Band 11061

Karl Löwith
Mein Leben in Deutschland vor und nach 1933
Band 5677

A. Mitscherlich/
Fred Mielke (Hg.)
Medizin ohne Menschlichkeit
Dokumente der Nürnberger Ärzteprozesse
Band 2003

George L. Mosse
Die Geschichte des Rassismus in Europa
Band 10237

Rolf-Dieter Müller
Hitlers Ostkrieg und die deutsche Siedlungspolitik
Band 10573

Rolf-Dieter Müller/
Gerd R. Ueberschär
Kriegsende 1945
Die Zerstörung des deutschen Nationalstaates
Band 10837

Fischer Taschenbuch Verlag

fi 1710 / 5 d

Die Zeit des Nationalsozialismus

Eine Buchreihe
Herausgegeben von Walter H. Pehle

Hertha Nathorff
Das Tagebuch der Hertha Nathorff
Berlin - New York
Aufzeichnungen
1933 - 1945
Band 4392

Der National-sozialismus
Dokumente
1933-1945
Walther Hofer (Hg.)
Band 6084

Franz Neumann
Behemoth
Struktur und Praxis des Nationalsozialismus 1933-1944
Band 4306

E. Oberländer (Hg.)
Hitler-Stalin-Pakt 1939
Das Ende Ostmitteleuropas?
Band 4434

Walter H. Pehle (Hg.)
Der historische Ort des Nationalsozialismus
Annäherungen
Band 4445

Der Judenpogrom 1938
Von der »Reichskristallnacht« zum Völkermord
Band 4386

Fred K. Prieberg
Musik im NS-Staat
Band 6901

Luise Rinser
Gefängnistagebuch
Band 1327

Ernst Schnabel
Anne Frank
Spur eines Kindes
Band 5089

G. Schoenberner
Der gelbe Stern
Die Judenverfolgung in Europa
1933 - 1945
Band 10601

Hans Scholl/
Sophie Scholl
Briefe und Aufzeichnungen
Inge Jens (Hg.)
Band 5681

Fischer Taschenbuch Verlag

fi 1710 / 4 e

Die Zeit des Nationalsozialismus

Eine Buchreihe
Herausgegeben von Walter H. Pehle

Inge Scholl
Die Weiße Rose
Band 11802

G. Schwarberg
Das Getto
Spaziergang in die Hölle
Band 10302

Michael Schwarz
Felix Droese
Ich habe Anne Frank umgebracht
Ein Aufstand der Zeichen. Bd. 3955

Gerda Szepansky
»Blitzmädel«, »Heldenmutter«, »Kriegerwitwe«
Frauenleben im Zweiten Weltkrieg
Band 3700

Gerda Szepansky
Frauen leisten Widerstand: 1933 - 1945
Band 3741

Gerd R. Ueberschär/
Wolfram Wette
Der deutsche Überfall auf die Sowjetunion »Unternehmen Barbarossa« 1941
Band 4437

Gerd R. Ueberschär/
Wolfram Wette (Hg.)
Stalingrad
Mythos und Wirklichkeit einer Schlacht
Band 11097

Irmgard Weyrather
Muttertag und Mutterkreuz
Der Kult um die »deutsche Mutter« im Nationalsozialismus
Band 11517

Walter Otto Weyrauch
Gestapo V-Leute
Tatsachen und Theorie des Geheimdienstes
Band 11255

Robert Wistrich
Wer war wer im Dritten Reich?
Ein biographisches Lexikon
Band 4373

Fischer Taschenbuch Verlag

fi 1710 / 1 f

Lebensbilder
Jüdische Erinnerungen und Zeugnisse

Herausgegeben von Wolfgang Benz

Hertha Feiner
Vor der Deportation
Briefe an die Töchter Januar 1939 - Dezember 1942
K.-H. Jahnke (Hg.)
Lebensbilder, Bd. 7
Band 11917

Salomea Genin
Scheindl und Salomea
Von Lemberg nach Berlin
Lebensbilder, Bd. 3
Band 11253

Richard Glazar
Die Falle mit dem grünen Zaun
Überleben in Treblinka
Lebensbilder, Bd. 4
Band 10764

E. Leyens/L. Andor
Die fremden Jahre
Erinnerungen an Deutschland
Lebensbilder, Bd. 1
Band 10779

Eric Lucas
Jüdisches Leben auf dem Lande
Eine Familienchronik
Lebensbilder, Bd. 2
Band 10637

Armin und Renate Schmid
Im Labyrinth der Paragraphen
Die Geschichte einer gescheiterten Emigration
Lebensbilder, Bd. 6
Band 11467

Arnon Tamir
Eine Reise zurück
Von der Schwierigkeit, Unrecht wiedergutzumachen
Lebensbilder, Bd. 5
Band 11466

Fischer Taschenbuch Verlag

fi 1712 / 3